FLYING HIGH

ISRAEL

FLYING HIGH

WHITE STAR VERLAG

FLYING HIGH ISRAEL

FOTOGRAFIEN

Itamar Grinberg

TEXT

Hanit Armonn Grinberg

Redaktionelle Leitung

VALERIA MANFERTO DE FABIANIS

Redaktionelle Koordination

VALENTINA GIAMMARINARO

ALBERTO BERTOLAZZI

Layout

PAOLA PIACCO

Übersetzung

SONJA HÄUSSLER

Producing

SAW COMMUNICATIONS, DR. SABINE A. WERNER

Titelbild

Der Felsendom bildet das Zentrum des Tempelbergs in der Altstadt von Jerusalem.

Rückseite

Die Festung Masada, auf einem Felsplateau von bis zu 400 Meter Höhe gelegen, dominiert die Wüstenlandschaft am Südwestufer des Toten Meeres.

1

Blick auf das Gipfelplateau von Masada.

2 – 3

Jerusalem gilt Juden, Christen und Muslimen gleichermaßen als heilige Stadt.

4 – 5

An der Küste des größten israelischen Ballungsraums Tel Aviv/Jaffa reiht sich ein Hotel ans andere.

Inhalt

6–7
Das Yavniel-Tal besitzt ein buntes Muster aus landwirtschaftlich genutzten Flächen.

8
Der Jordan fließt auf seinem Weg durch viele Plantagen mit aufwendigen Bewässerungssystemen.

9
Das Jaffa-Tor in der Westmauer führt in die Jerusalemer Altstadt.

10
Eine 180 Meter lange Säulenreihe verläuft durch die antike Stadt Scythopolis.

11
Die Golan-Höhen erheben sich im Norden des Sees Genezareth.

12–13
Akkurat ausgerichtet sind die Ölbaumreihen im Beit-Hakerem-Tal.

14–15
Akaba und die Edom-Berge bilden die Kulisse der Hotels in Elat.

FLYING HIGH ISRAEL

Der Fotograf

ITAMAR GRINBERG WURDE IM JAHR 1953 IN ISRAEL GEBOREN. ÜBER MEHR ALS DREI JAHRZEHNTE DOKUMENTIERTE DER LEIDENSCHAFTLICHE FOTOGRAF DIE VERÄNDERUNGEN IN SEINEM HEIMATLAND, ABER AUCH IN ANDEREN GEGENDEN DER WELT. OBWOHL ISRAEL RELATIV KLEIN IST, BESITZT DAS LAND EINE VIELZAHL VON LANDSCHAFTLICHEN, SOZIALEN UND POLITISCHEN FACETTEN, DIE ZUDEM IN DEN 60 JAHREN SEIT DER GRÜNDUNG DES MODERNEN STAATES EINEM STETIGEN WANDEL UNTERWORFEN SIND. AUF EINE LIEBEVOLLE UND PRÄZISE ART VERSUCHT GRINBERG, ALL DIES FESTZUHALTEN. SEINE ZAHLREICHEN ARBEITEN ERSCHEINEN WELTWEIT IN UNTERSCHIEDLICHEN MEDIEN. GRINBERGS WERK UMFASST VERSCHIEDENE GENRES, WIE DOKUMENTATIONEN, DIE NATÜRLICHE VERÄNDERUNGEN EBENSO AUFZEIGEN WIE DEN EINFLUSS DES MENSCHEN AUF DEN WANDEL IN SEINER UMWELT, ABER AUCH WERBEMATERIAL. STETS MÖCHTE ER ZUM NACHDENKEN ANREGEN. DIE DYNAMISCHE ENTWICKLUNG SEINES HEIMATLANDES ISRAEL IST FÜR IHN DIE WICHTIGSTE INSPIRATIONSQUELLE. SEIN BEVORZUGTES MITTEL SIND LUFTAUFNAHMEN, DIE DEM BETRACHTER NICHT NUR DIE SCHÖNHEIT DER ISRAELISCHEN NATUR VERMITTELN, SONDERN AUCH DIE FASZINIERENDEN, VOM MENSCHEN GESCHAFFENEN AGRARLANDSCHAFTEN UND ANSIEDLUNGEN ZEIGEN, DIE SICH UNAUFHÖRLICH WEITERENTWICKELN. GRINBERG HAT MEHRERE BÜCHER ÜBER VERSCHIEDENE ASPEKTE DES LEBENS IN ISRAEL VERÖFFENTLICHT.

Einleitung

„IM LANDE ISRAEL ENTSTAND DAS JÜDISCHE VOLK. HIER PRÄGTE SICH SEIN GEISTIGES, RELIGIÖSES UND POLITISCHES WESEN. HIER ERLANGTE ES ERSTMALS EIGENSTAATLICHKEIT, HIER SCHUF ES SEINE NATIONALE UND UNIVERSELLE KULTUR UND SCHENKTE DER WELT DAS EWIGE BUCH DER BÜCHER. DURCH GEWALT VERTRIEBEN, BLIEB DAS JÜDISCHE VOLK AUCH IN DER VERBANNUNG SEINER HEIMAT IN TREUE VERBUNDEN. NIE WICH SEINE HOFFNUNG, NIE VERSTUMMTE SEIN GEBET UM HEIMKEHR UND POLITISCHE FREIHEIT", HEISST ES IN DER UNABHÄNGIGKEITSERKLÄRUNG DES STAATES ISRAEL.

AM 14. MAI 1948, NACH DEM HEBRÄISCHEN KALENDER AM 5. IJJAR 5708, VERKÜNDETE DAVID BEN GURION DIE GRÜNDUNG EINES NEUEN STAATES IM HEILIGEN LAND, DIE ENTSTEHUNG DES STAATES ISRAEL. DIE FEIERLICHKEITEN DAZU FANDEN IM ALTEN MUSEUMSGEBÄUDE AM ROTHSCHILD BOULEVARD IN TEL AVIV STATT.

18
Die beschauliche Kirche befindet sich auf dem Berg der Seligpreisungen, auf dem Jesus die Bergpredigt hielt. Im Hintergrund leuchtet der See Genezareth.

28
Ein Abschnitt des antiken Aquädukts, der die Stadt Cäsarea mit Wasser versorgte. Ursprünglich nutzte man Regenwasserzisternen, aber als die Stadt immer größer wurde, benötigte man ein Versorgungssystem, das Wasser von außerhalb in die Stadt leitete. Dieses wurde von Herodes gebaut und vom römischen Kaiser Hadrian erweitert.

Einleitung

ES WAR AN EINEM FREITAG, AM VORABEND DES SABBATS, ALS SICH UNZÄHLIGE UM DIE RADIOS SCHARTEN. SIE ALLE WOLLTEN DER STIMME DAVID BEN GURIONS LAUSCHEN, DER DIE GRÜNDUNG DES STAATES AUSRIEF. EIN VON VIELEN LANGE GEHEGTER TRAUM WURDE DADURCH WIRKLICHKEIT. DIE FREUDE WAR JEDOCH NICHT UNGETRÜBT, DENN UNTER DEN ZUHÖRERN BREITETE SICH ZUGLEICH EIN GEFÜHL DER BEDROHUNG DURCH DIE BENACHBARTEN ARABISCHEN STAATEN AUS. ZUERST EINMAL LAG JEDOCH EINE FEIERLICHE STIMMUNG IN DER LUFT. TAUSENDE DRÄNGTEN IN DIE SYNAGOGEN UND BETETEN FÜR DAS WOHL DES NEUEN STAATES, ANDERE TANZTEN EINFACH AUF DEN STRASSEN.

DIE REAKTION DER ARABISCHEN NACHBARSTAATEN LIESS NICHT LANGE AUF SICH WARTEN. BEREITS AM FOLGENDEN TAG MARSCHIERTEN IHRE ARMEEN IN DAS NEUE LAND EIN, UND DER UNABHÄNGIGKEITSKRIEG BRACH AUS. NACHDEM IM JAHR 1949 DER KRIEG ZU ENDE WAR, WURDE IM JULI 1950 VON DER KNESSET DAS RÜCKKEHRGESETZ VERABSCHIEDET, DAS ALLEN JUDEN WELTWEIT DAS RECHT GARANTIERT, NACH ISRAEL EINZUWANDERN.

ZURÜCK IN DIE GEGENWART: UM EINEN ÜBERBLICK ZU GEWINNEN UND MICH AN DAS GEFÜHL DES FLIEGENS ZU GEWÖHNEN, ENTSCHEIDE ICH MICH FÜR EINEN

Einleitung

FOTOGRAFISCHEN STREIFZUG DURCH DIE LUFT. DIE MORGENDLICHE STILLE AM BEGINN DES NEUEN TAGES WIRD ANFÄNGLICH NUR VON VOGELGEZWITSCHER UNTERBROCHEN, ABER BALD NACH DEM EINRASTEN DER SICHERHEITSGURTE ERTÖNT DAS BRUMMEN DES MOTORS. WIR HEBEN AB UND STEIGEN HÖHER UND HÖHER DURCH DIE LOCKEREN WEISSEN WOLKEN.

MAN MUSS MIT DEM VERBLÜFFEND ANDEREN BLICKWINKEL AUF DIE DINGE ERST EINMAL ZURECHTKOMMEN. ÜBERHAUPT IST DORT OBEN VIELES GANZ ANDERS: ES GIBT KEINE ROTEN AMPELN, KEINEN MÜLL AUF DEM GEHWEG, KEINE STAUS MIT HUPENDEN AUTOS. MIT DEM BEGINN DES NEUEN TAGES FLIEGEN WIR DEM HEKTISCHEN TREIBEN DES ALLTAGS EINFACH DAVON.

WIR NEHMEN KURS AUF DEN SEE GENEZARETH, DER SO VERLOCKEND UND BLAU IST, DASS MAN, BEVOR MAN WEITERFLIEGT, GERNE DIE FÜSSE IN SEIN KÜHLES WASSER STRECKEN MÖCHTE, UND SEI ES AUCH NUR FÜR EINEN KURZEN MOMENT. DIE GRIECHISCH-ORTHODOXE KIRCHE IN KAFR NAHUM, DAS IN DER BIBEL DEN NAMEN KAFARNAUM TRAGT, WIRKT WIE EIN GEBÄUDE AUS EINEM MÄRCHEN. PILGER, SCHMALE, WEISSE GESTALTEN IN IHREN SPEZIELLEN GEWÄNDERN, HABEN BEREITS MIT IHREN RITUELLEN WASCHUNGEN BEGONNEN. BEIM BERG DER SELIGPREISUNGEN KOMMT

Einleitung

DAS NEUE GEBÄUDE INS BLICKFELD, DAS ANLÄSSLICH DES BESUCHS DES PAPSTES IM JAHR 2000 ERRICHTET WURDE. SEINE GERADEN LINIEN UND DIE GRAUE FARBE HEBEN SICH VON DEN GRÜNEN HÜGELN UND DEN SCHAFHERDEN DER UMGEBUNG DEUTLICH AB. DIE KIRCHE IN TABGHA MARKIERT DEN ORT DES WUNDERS DER SPEISUNG DER 5000, DAS JESUS HIER VOLLBRACHTE.

DIE MASCHINE ZIEHT NACH RECHTS, UND EIN WUNDERVOLLER AUSBLICK ERÖFFNET SICH UNS. „DAS IST DAS YAVNIEL-TAL", ERKLÄRT DER PILOT. ICH BIN SPRACHLOS ANGESICHTS DER SCHÖNHEIT DIESES TALES MIT SEINER UNGLAUBLICHEN VIELZAHL VON GRÜN-, BRAUN- UND GELBTÖNEN IN RECHTECKEN, STREIFEN UND ALLEN MÖGLICHEN ANDEREN FORMEN. ES KOMMT MIR SO VOR, ALS ÜBERFLÖGEN WIR EIN RIESIGES GEMÄLDE, KURZ BEVOR DER MALER SEINEN PINSEL ANSETZT, UM DEN ORANGEFARBENEN KLECKS DER AUFGEHENDEN SONNE HINZUZUFÜGEN, DIE DEN NEUEN TAG BEGRÜSST.

WIR FLIEGEN ÜBER DIE KREUZFAHRERBURG VON SEPPHORIS, UND VOR UNSEREM INNEREN AUGE ERSCHEINT DIE WUNDERSCHÖNE „MONA LISA VON GALILÄA", DIE MOSAIKDARSTELLUNG EINER RÖMERIN, DIE MAN NICHT WEIT VON HIER ENTFERNT IN EINER VILLA AUS DEM 3. JAHRHUNDERT GEFUNDEN HAT.

Einleitung

BEIM FLUG ÜBER DIE OBSTPLANTAGEN DER SHARON-EBENE STEIGT MIR DER BETÖRENDE DUFT VON ZITRONENBLÜTEN IN DIE NASE, UND KURZ DARAUF EMPFINDE ICH BEINAHE REAL DEN BITTERSÜSSEN GESCHMACK VON ORANGENSAFT AUF DER ZUNGE. BEI ATLIT STEHEN ANGLER AUF WINZIGEN INSELCHEN, DIE DER MITTELMEERKÜSTE VORGELAGERT SIND, UND WARTEN DARAUF, DASS ETWAS ANBEISST. FAST SCHEINT ES MIR, ALS KÖNNE ICH MEINE HAND AUSSTRECKEN UND DEN FISCH VOM HAKEN NEHMEN, ALS KÖNNE ICH FÜHLEN, WIE AM STRAND DAS SALZ AUF MEINEN FINGERSPITZEN PRICKELT UND DER WARME SAND MEINE FÜSSE UMSCHMEICHELT. VOR UNS BREITET SICH DAS MEER AUS, DIE AUFGEHENDE SONNE HAT SPIELERISCH MYRIADEN VON GLITZERNDEN DIAMANTEN DARÜBER AUSGESCHÜTTET, UND ICH MUSS BLINZELN. AN DER MITTELMEERKÜSTE LEBEN SEIT ABERTAUSENDEN VON JAHREN MENSCHEN. MANCHE DER SPUREN, DIE SIE HINTERLASSEN HABEN, SIND BEREITS ANS TAGESLICHT GEBRACHT WORDEN, ANDERE HARREN NOCH IHRER ENTDECKUNG.

NOCH TIEF BERÜHRT VOM FREIHEITSGEFÜHL, DAS VON DER SCHEINBAR UNENDLICHEN FLÄCHE DES MEERES AUSGEHT, ABER AUCH ERGRIFFEN VON DEN HEILIGEN CHRISTLICHEN ORTEN AM SEE GENEZARETH UND DER LEBENSFÜLLE DER ÜPPIGEN GRÜNEN FELDER FOLGEN WIR NUN DEM VERLAUF DER AUTOBAHN. SO GELAN-

Einleitung

GEN WIR ÜBER DIE METROPOLE TEL AVIV, DAS KULTUR- UND GESCHÄFTSZENTRUM ISRAELS. VON OBEN SCHEINT ALLES SO NAH BEIEINANDER ZU LIEGEN, DENN DIE SZENERIE WECHSELT SO RASCH: BÄUME, BLUMEN UND WASSER WEICHEN WOLKENKRATZERN, BÜROGEBÄUDEN, AMPELN UND STRASSENSCHILDERN. UNZÄHLIGE MENSCHEN, ERKENNBAR ALS WINZIGE PÜNKTCHEN, HASTEN VON ORT ZU ORT. MAN SIEHT DIE VERSTOPFTEN STRASSEN UND KANN SELBST VON HIER OBEN DAS GANZ ANDERE TEMPO, DIE ANSPANNUNG UND DEN LÄRM VON TEL AVIV ERAHNEN.

JERUSALEM WIRKT DA VÖLLIG ANDERS – SELBST AUS DER VOGELPERSPEKTIVE. MAN FÜHLT FÖRMLICH DIE GROSSE BEDEUTUNG DIESER STADT UND DEN RESPEKT, DER IHR ENTGEGENGEBRACHT WIRD. DIE IM JAHR 1948 ZUR EWIGEN HAUPTSTADT DES STAATES ISRAEL ERKLÄRTE STADT HEISST JUDEN, CHRISTEN UND MUSLIME MIT IHREN HEILIGEN STÄTTEN HERZLICH WILLKOMMEN. BETRACHTET MAN DIE ALTSTADT, UMRINGT VON DER BEEINDRUCKENDEN STADTMAUER, AUS DER VOGELPERSPEKTIVE, ERKENNT MAN, WIE NAH DIE GLÄUBIGEN DER DREI RELIGIONEN EINANDER AN IHREN HEILIGEN STÄTTEN SIND: DIE KLAGEMAUER LIEGT DIREKT NEBEN DEM TEMPELBERG UND DER GRABESKIRCHE. ALLES INNERHALB DER MAUERN WIRKT SO DICHT GEDRÄNGT, DASS DIE ALTSTADT EINEM SPIELBRETT MIT UNZÄHLIGEN BAUKLÖTZCHEN GLEICHT.

Einleitung

GELEGENTLICH HAT MAN DEN EINDRUCK, ÜBER JERUSALEM SCHEINE EINE BESONDERE SONNE, DIE DIE STADT IN EINZIGARTIGEN FARBEN ERSTRAHLEN LÄSST. SIE LEUCHTET IN CHARAKTERISTISCHEN GOLDTÖNEN. VIELE HABEN FÜR JERUSALEM EINEN GANZ BESONDEREN PLATZ IN IHREM HERZEN, ABER NOCH IMMER HABEN DIE MENSCHEN DORT KEINEN WEG GEFUNDEN, FRIEDLICH ZUSAMMENZULEBEN. IN DEM LIED „DIE KLAGEMAUER" VON YOSSI GAMZU HEISST ES: „ES GIBT MENSCHEN MIT EINEM HERZ AUS STEIN, UND ES GIBT STEINE MIT EINEM MENSCHLICHEN HERZ." WENN DIE STEINE DER STADTMAUER, DIE DIE ALTSTADT UMFÄNGT, ODER DIE DER KLAGEMAUER SPRECHEN KÖNNTEN, WENN DIE HÄUSER AUS DEM BESONDEREN JERUSALEM-STEIN, SELBST DIE URALTEN GEHWEGE, NUR IHRE GESCHICHTEN ERZÄHLEN KÖNNTEN . . .

DAS TOTE MEER IST ABENDS IN TÜRKIS- UND VIOLETTTÖNE GETAUCHT. DIE PASTELLFARBEN VERSTÄRKEN SEINE HEILENDE WIRKUNG NOCH, NICHT NUR DIE KÖRPERLICHEN LEIDEN WERDEN DANN VON DEN MINERALIEN GELINDERT, SONDERN DIE WUNDERBARE STIMMUNG TUT AUCH DER SEELE WOHL. PILZE AUS WEISSEM SALZ RAGEN AUS DEM WASSER, UND DIE BADENDEN TREIBEN MIT WEIT VON SICH GESTRECKTEN ARMEN UND BEINEN AUF DER WASSEROBERFLÄCHE. DAS LICHT DER UNTERGEHENDEN SONNE FÄRBT DEN FELSEN MIT DER FESTUNG MASADA BLUTROT, ALS WOLLE ES AN DIE

Einleitung

SCHLACHTEN ERINNERN, DIE HIER EINST TOBTEN. DIE RESTE DER JAHRTAUSENDEALTEN FESTUNG BIETEN EINEN ANBLICK, DEN MAN FESTHALTEN MÖCHTE.

FÜR MICH IST ISRAEL NICHT NUR IRGENDEIN LAND – ES IST MEINE HEIMAT. ES IST DER ORT, AN DEN SICH MEINE GROSSELTERN VOR DEN SCHRECKEN DES EISKALTEN EUROPA FLÜCHTETEN. ES IST DAS LAND, IN DEM SICH MEINE ELTERN KENNENLERNTEN UND EIN ZUHAUSE AUFBAUTEN, IN DEM ICH, NICHT WEIT VOM MEER, ZUR WELT KAM UND INMITTEN DES DUFTES VON WASSERMELONEN IM SOMMER UND DER ZITRONENBLÜTEN IM WINTER AUFWUCHS. ES IST EIN LAND, DESSEN EINWOHNER TROTZ ALLER NOT WARMHERZIG UND GASTFREUNDLICH SIND. ES IST EIN LAND, DAS GROSSES LEID KENNT UND IN DEM SCHMERZLICHER VERLUST NIEMANDEM FREMD IST. DER KAMPF IST FÜR VIELE MENSCHEN HIER EIN TEIL DES LEBENS. JEDER AUSBLICK UND JEDER ORT ERZÄHLT MIR EINE GESCHICHTE UND WECKT ERINNERUNGEN – VON KINDHEITSAUSFLÜGEN, VON MEINER ERSTEN FAHRT ANS MEER, VOM ZELTEN AM SEE GENEZARETH, VON ZAUBERHAFTEN TAUCHGÄNGEN IM MEER BEI ELAT ODER VON DER ERSTEN WANDERUNG MIT MEINEN EIGENEN KINDERN. ES GIBT KEINEN ABENTEUERROMAN, SO FANTASTISCH ER AUCH SEIN MAG, DER ES AN DRAMATIK MIT DER GESCHICHTE DES HEILIGEN LANDES VON DER FRÜHESTEN VERGANGENHEIT BIS IN DIE GEGENWART

Einleitung

AUFNEHMEN KÖNNTE. DIES IST DIE HEIMAT DES JÜDISCHEN VOLKES, AUS DER ES VIELE JAHRHUNDERTE LANG VERTRIEBEN WAR UND NACH DER ES SICH IM EXIL IMMER GESEHNT HAT. WIE VIEL HAT ES ERTRAGEN, BIS ES WIEDER IN SEINER HEIMAT LEBEN DURFTE. „AN DEM TAG SCHLOSS DER HERR EINEN BUND MIT ABRAM UND SPRACH: ‚DEINEN NACHKOMMEN WILL ICH DIES LAND GEBEN'", WIE ES IM VERS 18 DER GENESIS 15 HEISST. DIE MENSCHEN IN ISRAEL ERLEBTEN LEID, KRIEG, NIEDERLAGEN UND SIEGE IM KAMPF UM EIN HEIMATLAND. DIESER KAMPF DAUERT, GEPRÄGT VON GRENZVERLEGUNGEN, BESATZUNG UND RÜCKZUG, AUCH HEUTE NOCH AN.

DIE GRENZEN HABEN SICH IM LAUFE DER JAHRE, NACH KRIEGEN UND FRIEDENSVERTRÄGEN, MEHRFACH GEÄNDERT. NACH DEM UNABHÄNGIGKEITSKRIEG, DEM SECHSTAGE-KRIEG UND DEM FRIEDENSVERTRAG MIT ÄGYPTEN, DER DIE RÜCKGABE DER SINAI-HALBINSEL BEINHALTETE, ÄNDERTEN SICH JEWEILS GRÖSSE UND AUSSEHEN DES VON ISRAEL REGIERTEN TERRITORIUMS. IM JAHR 1994 WURDE EIN FRIEDENSVERTRAG MIT JORDANIEN UNTERZEICHNET, UND IM JAHR 2006 ZOG ISRAEL AUS DEM GAZA-STREIFEN AB.

MAN KANN NICHT LEUGNEN, DASS DAS LEBEN IN DIESEM LAND VOM ARABISCH-ISRAELISCHEN KONFLIKT ÜBERSCHATTET WIRD, FÜR DEN EINE LÖSUNG NOCH

30 – 31
Von der antiken Festung Masada aus, die auf dem Gipfel eines Felsens am östlichen Rand der Judäischen Wüste liegt, hat man einen wundervollen Blick über das Tote Meer.

IMMER NICHT IN SICHT IST. TROTZ DES SCHWELENDEN INNEREN KONFLIKTS SIND WACHSTUM UND ENTWICKLUNG IN ISRAEL NIEMALS VERNACHLÄSSIGT WORDEN. DAS ERSCHEINUNGSBILD HAT SICH DRASTISCH VERÄNDERT. WO DIE ERSTEN SIEDLER IN EINFACHSTEN KIBBUZHÄUSERN UND DURCHGANGSLAGERN LEBTEN, GIBT ES HEUTE STÄDTE MIT WOLKENKRATZERN. ISRAEL IST EIN LAND MIT HOCHMODERNEN FLUG- UND SEEHÄFEN, MIT HIGHTECH-FABRIKEN, FORSCHUNGSEINRICHTUNGEN UND EINIGEN DER FORTSCHRITTLICHSTEN LANDWIRTSCHAFTLICHEN ANBAUGEBIETE ÜBERHAUPT.

AUF EINEM MEINER FLÜGE ÜBER ISRAEL FLOG EIN SCHWARM WEISSER TAUBEN NICHT WEIT ENTFERNT VORBEI. GERNE MÖCHTE ICH DIES ALS GUTES ZEICHEN ANSEHEN FÜR DAS, WAS DIE ZUKUNFT DIESEM LAND EINMAL BRINGEN WIRD.

32 – 33
Der Berg Eshet ist eigentlich ein Gebirgskamm aus Kreidefelsen, der am Rande der südlichen Negev-Ebene verläuft. Eine ausgeprägte geologische Auffaltung verleiht ihm sein charakteristisches Aussehen.

34 – 35
Die schneebedeckten Gipfel des Hermon bilden die höchsten Erhebungen Israels. Das Gebirge erstreckt sich jedoch auf israelischem, libanesischem und syrischem Territorium. Wenn genug Schnee liegt, kann man hier Ski laufen.

DIE HEILIGE STADT

FLYING HIGH

37
Links: Der Schrein des Buches, der einen Teil des Israel Museum bildet, hat eine charakteristische Kuppelform und ist von einem Bassin umgeben. Rechts: Gegenüber des Jaffa-Tors und der Davidszitadelle in der Mauer der Altstadt befinden sich das David Citadel Hotel und der Mamilla-Komplex.

Menschen aus der ganzen Welt strömen nach Jerusalem. Anhänger aller Religionen kommen dorthin, um in die Spiritualität einzutauchen, die heiligen Stätten zu besuchen und die hinreißende Schönheit und Einzigartigkeit zu erleben. „Denn mein Haus wird ein Bethaus heißen für alle Völker." (Jesaja 56, 7) Der Anblick von Jerusalem bewegt jeden, die Stadt ist einfach unwiderstehlich. Alle Sinne werden geschärft, wenn man Jerusalem betritt. Man vermeint den Sinn hinter den Klängen der jüdischen Gebete in den Synagogen, den läutenden Kirchenglocken und den Gebetsrufen des Muezzins deutlich zu spüren. Das Unmögliche existiert, und die zerbrechliche Koexistenz ist Wirklichkeit.

Man spaziert an Häusern vorbei, die aus Jerusalem-Stein gebaut sind, und fühlt sich beim Schlendern durch die engen Gassen, als wäre man auf einer Zeitreise. Könnten die Steine doch nur sprechen und Tausende von Jahren Geschichte, Kriege, Eroberungen und Auseinandersetzungen aller Art beschreiben.

Auf den Straßen sieht man traditionell gewandete ultraorthodoxe Juden mit Bärten und Schläfenlocken neben Nonnen in schwarzem Habit. Arabische Frauen schreiten mit Körben auf dem Kopf vorüber, und ein arabischer Arbeiter reitet auf einem Maultier an einem christlichen Würdenträger im Talar und einer Gruppe weltlicher, kahl rasierter jüdischer Jugendlicher vorbei – die Vielfalt der Menschen ist wie ein farbenprächtiges Mosaik, doch dies macht nur einen Teil des besonderen Charmes dieser faszinierenden Stadt aus.

38
Mamilla in der Nähe der Altstadt war früher ein reines Wohngebiet. Heute bietet es Freizeit- und Einkaufsmöglichkeiten sowie ein Hotel.

Die Heilige Stadt

Die heiligen Stätten der drei monotheistischen Weltreligionen stehen Seite an Seite. Die Juden kommen zum Beten an die Klagemauer, die ihnen als die heiligste Stätte der Welt gilt. Der Platz vor der Mauer ist in getrennte Gebetsbereiche für Männer und Frauen unterteilt. In die Ritzen der Mauer werden klein gefaltete Zettel gesteckt, auf die man vorher Bitten geschrieben hat.

An der Stelle, an der Jesus gekreuzigt und begraben wurde, steht mit der Grabeskirche eine der bedeutsamsten Kirchen der Christenheit. Sie befindet sich in der Nähe der Via Dolorosa, auf der Besucher dem Weg Jesu zu seiner Kreuzigung folgen können.

Der Felsendom im Zentrum des Tempelbergs ist nicht nur einer der bekanntesten und schönsten islamischen Sakralbauten, sondern markiert auch den Ort der Himmelfahrt des Propheten Mohammed.

Gegen Ende der Woche wird die besondere Atmosphäre sogar noch deutlicher spürbar, wenn jede der drei Religionen mit den Vorbereitungen für ihren besonderen Tag beschäftigt ist. Für die Muslime ist es der Freitag, für die Juden der Samstag und für die Christen der Sonntag. Die Prozessionen der Menschen, die ihre besten Kleider tragen und die sich dann entsprechend ihrer Religion in ihr jeweiliges Gebets- oder Gotteshaus zu ihrem feiertäglichen Ritual begeben, bilden eine aufregende Szene.

Am 5. Dezember 1949, etwa 18 Monate nach der Gründung des Staates Israel, erklärte Premierminister David Ben Gurion Jerusalem zur israelischen Hauptstadt. „Der Staat Israel hat nur eine Hauptstadt und wird nur eine haben – die ewige Stadt – wie schon seit 3000 Jahren . . . Wir erklären hiermit und verpflichten uns der Geschichte und der Welt, dass der Staat Israel die Freiheit von Religion, Sprache, Bildung und Kultur garantieren, die heiligen Stätten aller Religionen schützen und die Grundsätze der UN-Charta einhalten wird."

David Ben Gurions Erklärung knüpfte an die Taten König Davids an, der Hebron verließ und nach einer geeigneten Stelle für den Bau des Tempels suchte. Der biblische König baute Jerusalem, und sein Sohn Salomo setzte seine Arbeit fort. Durch ihn entstand der Tempel auf dem Berg Moriah – und

Die Heilige Stadt

damit der Tempelberg. Nachdem Ben Gurion Jerusalem zur Hauptstadt Israels ernannt hatte, wurden die Ministerien nach Givat Ram westlich der Altstadt verlegt. Auch die Knesset, wichtige Regierungsbehörden, Bildungs- und Kulturinstitutionen, das Israel Museum, das Bloomfield Science Museum und der oberste Gerichtshof befinden sich dort.

Am Ende des Unabhängigkeitskriegs im Jahr 1949 wurde Jerusalem zu einer geteilten Stadt. Der westliche Teil war nun unter israelischer, der östliche unter jordanischer Herrschaft. Diese Situation blieb 19 Jahre lang unverändert. Im Verlauf des Sechstage-Kriegs im Juni des Jahres 1967 eroberten die israelischen Streitkräfte am dritten Kriegstag den Ostteil Jerusalems und vereinigten die Stadt unter israelischer Herrschaft.

Die Zeit zwischen 1948 und 1967 war schwierig für die Juden. Sie sehnten sich nach dem Zugang zur Klagemauer, der ihnen verwehrt war. „Die Stadt liegt vereinsamt da, und in ihrem Herzen ist eine Mauer", lauten die Worte, mit denen die Dichterin Naomi Shemer die Stadt in ihrem berühmten Lied „Jerusalem aus Gold" beschrieb. In diesen Jahren war die Stadt durch eine Mauer geteilt, die zwischen der israelischen und der jordanischen Hälfte verlief. Um 10 Uhr morgens am dritten Tag des Sechstage-Kriegs konnte der Fallschirmjäger-Kommandeur Motta Gur den Tempelberg für erobert erklären. Seine Soldaten weinten an der Klagemauer, und die Eroberung ist für viele Israelis bis heute ein großer, bewegender Moment.

Jerusalem liegt im Herzen der judäischen Berglandschaft und ist von unterschiedlich hohen Hügeln umgeben, die der Stadt auch ein besonderes, vergleichsweise angenehmes Klima bescheren. Der Tempelberg ist die niedrigste Erhebung der Stadt, ihn umgeben weitere Hügel mit ihren jeweiligen besonderen Stätten.

Der Skopusberg liegt nordöstlich der Altstadt, auf ihm befindet sich die Hebräische Universität, südlich davon die Mormonen-Universität. Im Osten ist der Ölberg, von dem man einen Blick auf den alten jüdischen Friedhof und die Kirche aller Nationen, eine der schönsten Kirchen Jerusalems, hat. Außerdem

Die Heilige Stadt

befindet sich hier Gethsemane mit der Maria-Magdalena-Kirche, die goldene, zwiebelförmige Kuppeln hat. Im Westen liegt der Herzlberg mit dem wichtigsten israelischen Militärfriedhof, daneben Grabstätten bedeutender Politiker, zionistischer Persönlichkeiten und Premierminister, darunter die von Jitzchak Rabin. Auf der Kuppe des Hügels ist das Grab Theodor Herzls, des Gründers des Staates Israel, nach dem der Hügel benannt ist.

Die Altstadt ist seit der Zeit der osmanischen Herrschaft wieder von einer Mauer umgeben. Der Sohn Sultan Selims I., Süleyman der Prächtige, gab den Befehl, anstelle der zerstörten Mauern aus der Zeit der Kreuzritter eine Stadtmauer rund um die Altstadt zu errichten. Diese ist etwa vier Kilometer lang, zehn bis zwölf Meter hoch und zwischen vier und fünf Meter breit. Entlang der Mauer wurden insgesamt 24 Wachtürme errichtet, der größte und bekannteste von ihnen ist die Zitadelle oder Davids-Zitadelle. Die Stadtmauer hat acht Tore: das Neue Tor, das Damaskus-Tor, das Herodes-Tor oder Blumentor, das Zions-Tor, das Mist- oder Dungtor, das Löwentor oder St.-Stephan-Tor, das Jaffa-Tor und das zugemauerte Goldene Tor. Heute wird die Stadtmauer als Promenade benutzt, von der aus man einen Blick auf die Altstadt hat. Jerusalem ist eine der wenigen bedeutenden Städte der Welt, deren Stadtmauer noch intakt ist. Trotz des Wachstums der Stadt nach ihrer Errichtung hat man sie nicht wie andernorts abgetragen. Aus der Luft betrachtet scheint die Mauer die Gebäude der historischen Altstadt zusammenzuhalten.

Die Altstadt innerhalb der Stadtmauer ist in vier Viertel aufgeteilt. Da ist einmal das jüdische Viertel, zu dem neben den Synagogen als wichtigste Stätte die Klagemauer gehört. Eine der bekanntesten Synagogen ist die Hurva-Synagoge. Sie wurde mehrmals zerstört und wieder aufgebaut, lag aber lange in Trümmern, woher ihr Name stammt, denn das hebräische Wort „Hurva" bedeutet „Ruinen". Als sie noch intakt war, galt sie als eines der schönsten Gebäude der Stadt. Die israelische Regierung ließ nach dem Sechstage-Krieg einen der vier Bögen restaurieren, die einst die hohe Kuppel stützten. Den

Gebäuderest, der lange Zeit symbolisch für die Synagoge und die ganze Gegend stand, konnte man schon aus der Ferne erkennen. Inzwischen ist die Synagoge jedoch komplett wieder aufgebaut. In diesem Viertel befindet sich auch der südliche Teil des Cardo, der in byzantinischer Zeit als Verlängerung des römischen Cardo angelegt worden war und damals die wichtigste Verbindungsstraße darstellte.

Das kleinste Altstadtviertel ist das armenische Viertel, das religiöse und kulturelle Zentrum der Armenier und der armenischen Kirche in Israel. Zum muslimischen Viertel gehören der Tempelberg, die Via Dolorosa, Klöster, Moscheen und Schulen für religiöse Studien. Es ist das größte der vier Altstadtviertel und schon von weitem an den zahlreichen Minaretten zu erkennen. Den Mittelpunkt des christlichen Viertels bildet die Grabeskirche, auch Auferstehungskirche genannt, in der Nähe des Muristan-Marktgebiets. Das Viertel umfasst mehr als 40 sakrale Gebäude unterschiedlicher christlicher Sekten.

Bis zum 19. Jahrhundert lag ganz Jerusalem innerhalb der alten Stadtmauern. Als jedoch die beengten Verhältnisse untragbar wurden und die Mieten in die Höhe schossen, begannen die Bewohner, westlich der Altstadt neue Viertel zu gründen.

Mishkenot Sha'ananim, das erste Viertel außerhalb der Stadtmauern, entstand im Jahr 1860. Es wurde von Moses Montefiore, einem jüdischen Philanthropen, der in Großbritannien lebte, initiiert und unterstützt. Eine Windmühle, die damals errichtet wurde, steht dort noch heute. Weitere neue Stadtviertel schossen bald wie Pilze aus dem Boden – Nahalat Shiva, Meah Shearim, Mazkeret Moshe, Ohel Moshe und Yemin Moshe. Auch die Araber errichteten im Osten der Altstadt Viertel außerhalb der Stadtmauer: Abu Tor, Katamon, Wadi El Joz und Musrara.

Ein Blick aus der Vogelperspektive zeigt den Kern der Altstadt, um den sich die moderne, hektische Metropole mit ihren Hochhäusern, Industrie- und Gewerbegebieten und mit einem Netz aus Schnellstraßen ausbreitet.

44 – 45
Jerusalem liegt auf mehreren Hügeln. Diese Ansicht zeigt die Altstadt vom Süden her. Links erkennt man Mishkenot Shaananim, das erste Viertel außerhalb der Altstadtmauern.

46 – 47
Das alte Jerusalem liegt gänzlich innerhalb der Mauer, jenseits davon beginnt bereits die Judäische Wüste.

49

Das Neue Tor, der Zugang zum christlichen Viertel Jerusalems, befindet sich nahe der nordwestlichen Ecke der Altstadtmauer. Es wurde erst im Jahr 1889 als letztes in die Mauer eingefügt – daher sein Name. Im Hintergrund kann man den Tempelberg und den Ölberg erkennen.

50 – 51

Das Damaskus-Tor wird oft als das schönste der alten Stadttore bezeichnet. Es führt zum muslimischen Viertel der Stadt.

52 – 53
Die Dormitio-Abtei ist ein beeindruckender Gebäudekomplex mit Ecktürmchen und einem Glockenturm.

54 – 55
Die Grabeskirche im Herzen des christlichen Altstadtviertels steht laut christlicher Überlieferung an der Stelle, an der Jesus gekreuzigt und begraben wurde. Sie ist eine der bedeutendsten heiligen Stätten des Christentums.

56
Das Gnadentor befindet sich in der Stadtmauer an der Ostseite der Altstadt. Nach christlicher Überlieferung betrat Jesus die Stadt durch dieses Tor, die Christen nennen es daher auch das Goldene Tor.

57
Das christliche Viertel liegt im nordwestlichen Teil der Altstadt.

Der Felsendom im Zentrum des Tempelbergs bildet einen Teil des Al-Aqsa-Komplexes. Das Gebäude ist das vielleicht herausragendste architektonische Wahrzeichen Jerusalems und wird inzwischen von vielen als ein Symbol für die Stadt wahrgenommen. Im Jahr 1994 wurde die Kuppel renoviert und mit 150 Kilogramm Gold neu ummantelt.

60
Der Tempelberg, eigentlich Berg Moriah, gilt den drei wichtigsten monotheistischen Weltreligionen – Judentum, Christentum und Islam – als heilig. Auf diesem Berg befinden sich der Felsendom, die Al-Aqsa-Moschee und die Klagemauer.

61
Die Al-Aqsa-Moschee ist eine von mehreren islamischen Sakralbauten auf dem Tempelberg.

62

Die Klagemauer ist für Juden der wichtigste heilige Ort der Welt. Der Platz davor ist in zwei Bereiche eingeteilt, damit Männer und Frauen getrennt beten können.

63

Die goldene Kuppel des Felsendoms und die Klagemauer liegen auf dem Tempelberg nahe beieinander.

65
Über dem alten jüdischen Friedhof auf dem Ölberg erhebt sich der Bau des Seven Arches Hotel.

66

Das russisch-orthodoxe Kloster und die dazugehörige Kirche stehen auf dem Ölberg gegenüber der Altstadt.

67 links

64 Meter hoch ist der Glockenturm der russisch-orthodoxen Kirche auf dem Ölberg. Die Glocke wiegt mindestens acht Tonnen, Pilger schafften sie vom Hafen in Jaffa hierher. Sie war die erste Glocke, die wieder in Jerusalem erklang, nachdem muslimische Behörden das Läuten christlicher Kirchenglocken mehrere Jahrhunderte lang verboten hatten.

67 rechts

Die Kirche Dominus Flevit an den Hängen des Ölbergs hat die Form einer Träne und wird auch Kirche der Träne genannt.

68

Auf dieser Ansicht des Ölbergs sieht man den alten jüdischen Friedhof rechts, die russisch-orthodoxen Kirche Maria Magdalena in der Mitte und die Kirche aller Nationen unten.

69

Die Kirche aller Nationen, auch als Todesangstbasilika bekannt, steht am Fuße des Ölbergs. Das beeindruckende Gebäude hat an seiner Vorderseite vier Säulen, über denen sich ein Mosaik mit dem Bild Jesu befindet. Das Dach besteht aus zwölf Kuppeln mit den Wappen der Nationen, die zu ihrer Errichtung beigetragen haben.

70

Der Blick auf die Altstadt zeigt die Jaffa-Straße, die zum Jaffa-Tor führt. Links von der Straße sieht man das russische Viertel, zu dem die russisch-orthodoxe Kirche und das neue Verwaltungsgebäude der Stadt gehören.

71

Der im Jahr 1993 neu gestaltete Safra-Platz gehört zum Komplex der Jerusalemer Stadtverwaltung.

72

Von oben gut erkennbar sind das YMCA-Gebäude und das King David Hotel, das Viertel Mishkenot Shaananim, der Sultan's Pool und der Sacher Park (links), in der von der Stadtmauer umgebenen Altstadt. Im Westen erhebt sich der Ölberg.

73

Der Nordostecke der Stadtmauer vorgelagert ist das Rockefeller Museum.

74
Die Route 1 führt von den Stadtvierteln im Jerusalemer Norden zur Altstadt. Die arabischen Viertel liegen links der Straße, die jüdischen Viertel rechts davon.

75 links
Das Jerusalemer Regency Hotel befindet sich am Fuß des Skopusbergs.

75 rechts
So verschlungen sieht der Hauptzufahrtsweg nach Jerusalem aus der Luft aus.

76
Beit Yisrael und Meah Shearim im Vordergrund sind die jüdischen Viertel, dahinter erkennt man den Skopusberg und die Judäische Wüste.

77
Im Viertel Meah Shearim befindet sich die faszinierende kreisrunde äthiopische Kirche.

78

Im Jahr 1986 fand ein Wettbewerb um den Entwurf für den Neubau des Obersten Gerichtshofs in Jerusalem statt. Das moderne Gebäude in der Nähe der Knesset, das die Architektenfirma Carmi entwarf und die Rothschild-Stiftung finanzierte, wurde im November 1992 offiziell eröffnet.

79

Das Israel Museum befindet sich in Givat Ram. Es beherbergt den Schrein des Buches, Judaica, Kunst aus Israel und aller Welt sowie eine spezielle Jugendabteilung.

80

Das Kreuztal, das nach der Kreuzkirche benannt ist, liegt in Jerusalem zwischen dem Wohngebiet Rehavia, dem Sacher Park, der Knesset, dem Regierungsviertel, dem Stadion Givat Ram und dem Israel Museum.

81

Die Knesset, das israelische Parlamentsgebäude, befindet sich in Jerusalem in der Nähe des Regierungsviertels und des Universitätscampus' Givat Ram. Im israelischen Parlament sind 120 Abgeordnete vertreten, ihre Mandatszeit beträgt vier Jahre.

82

Zum Kreuztal gehören eine Kirche und ein Kloster aus byzantinischer Zeit. Es ist eines der wenigen aus dieser Epoche, das fast vollständig erhalten ist. Das Kloster mit dem quadratischen Glockenturm und der silbernen Kuppel über der Kirche wirkt wie eine Festung.

83

Yad Vashem ist die größte Holocaust-Gedenkstätte der Welt und umfasst Museen, Denkmäler, Statuen, Gedenksteine, ein Gedenkzelt, das Dokumentationszentrum und vieles mehr.

84
Im Hintergrund der Hebräischen Universität von Jerusalem sind die östlichen Stadtviertel zu erkennen.

85 links
Zum Auguste-Viktoria-Komplex auf dem Ölberg gehören eine Kirche mit einem auffälligen Glockenturm, eine Herberge für Pilger und ein Hospital.

85 rechts
Das Hadassah-Hospital befindet sich auf dem Skopusberg.

86

Der 750 Meter hoch gelegene Friedhof Har HaMenuhot ist der wichtigste jüdische Friedhof im Westen Jerusalems. Im Hintergrund sieht man die Stadt Mevasseret Zion.

87

Die Stadt Mevasseret Zion liegt eingehüllt in Morgendunst auf einem Hügelkamm etwa zehn Kilometer westlich von Jerusalem.

88

88
Ein faszinierendes Bauwerk ist die Kirche Notre Dame bei der Ortschaft Kiryat Ye'arim nicht weit vom arabischen Dorf Abu Ghosh.

89

Die Kirche Notre Dame bei Kiryat Ye'arim wurde im Jahr 1918 über den Ruinen eins Vorgängerbaus aus byzantinischer Zeit errichtet. Maria mit dem Jesuskind ziert das Dach. Die Statue steht auf einer Darstellung der Bundeslade und ist von Engeln flankiert.

90

Die Kirche der Heimsuchung Mariä und der Gorny-Konvent liegen in Ein Karem, einem malerischen Stadtteil Jerusalems.

91

Diese Schnellstraße von Tel Aviv nach Jerusalem führt durch Scha'ar Hagai.

93

Yad-La'Shiryon, das Museum mit der Gedenkstätte der israelischen Panzertruppe, befindet sich in der Nähe der Kreuzung von Latrun im Ajalon-Tal.

BLAU UND OCKER

FLYING HIGH

95
Links: Der Hafen von Akko, dem antiken Acre oder Ptolemais, wird überwiegend von einheimischen Fischern und Touristen genutzt.
Rechts: Solche Felsformation sind typisch für die Küste bei Akko.

Das Mittelmeer bildet die westliche Grenze Israels, die anderen Landesgrenzen verlaufen mehr oder weniger in Wüsten. Das Mittelmeer ist sozusagen die „blaue Lunge" Israels. Die Küstenebene erstreckt sich von Rosh HaNikra im Norden bis zum Gaza-Streifen im Süden. Bis zum Jahr 2005 zog sich die Grenze im Süden bis Ägypten, ist aber seit Israels Abzug aus dem Gaza-Streifen und dessen Übergabe an die Palästinenser erheblich kürzer.

In der Antike war das Mittelmeer Haupttransportweg und Grundlage des Wachstums vieler bedeutender Kulturen, die an seinen Ufern entstanden. Bis in die 1920er-Jahre war der Küstenstreifen des heutigen Israel jedoch nur dünn besiedelt. Danach und verstärkt seit der Gründung des Staates Israel bevölkerte sich das Küstengebiet aber zunehmend, und inzwischen leben über 70 Prozent der israelischen Bevölkerung dort. Zunächst wurden Siedlungen gegründet, die auf lokale Landwirtschaft setzten. Einer der wichtigsten Agrarbereiche war der Obstanbau, bei dem ein Großteil der Ernte für den Export bestimmt war. Auch heute gibt es in der Küstenebene noch viele Obstplantagen.

Zahlreiche Gegenden an der Küste sind heute bebaut, und aus der Luft kann man diese Städte und Gemeinden aufgrund des Stils der Gebäude und der Dichte der Bebauung leicht von den landwirtschaftlichen Siedlungen unterscheiden. Die ersten urbanen Strukturen bestanden noch aus flachen Gebäuden, aber als sich die Städte entwickelten und die Grundstückspreise in die Höhe schnellten, wurden dort zunehmend hohe Gebäude errichtet, die auch dichter beieinander stehen. In den Moschavim, den Dörfern oder ländlichen Sied-

96
Die nördlichen Hänge des Karmel-Gebirges reichen in der Nähe des Hafens von Haifa bis ans Meer.

Blau und Ocker

lungen außerhalb der Städte, findet man hingegen einstöckige, von Höfen umgebene Häuser. Die Bautätigkeit an der Küste blieb über die Jahre hinweg intensiv, es entstanden Handelshäfen und Yachthäfen, einzelne Anlegestellen, Molen und Piers, Hotels und Wohngebäude. Außerdem wurden die meisten der modernen israelischen Großstädte an der Küste gebaut, wo sie sich gut entwickeln konnten.

Die Spuren der Vergangenheit zeigen sich in dieser Region in der Form archäologischer Funde an der Küste und im ufernahen Wasser des Mittelmeers. Eine der bekanntesten Stätten liegt in Cäsarea, wo man deutlich die Überreste des antiken Hafens im flachen Wasser erkennen kann. Ausgrabungen haben dort Schiffswracks mit unversehrter Ladung zutage gefördert, die uns einen Einblick in die Vergangenheit dieser Region gewähren.

Die schroffen weißen Klippen an der israelisch-libanesischen Grenze bilden einen starken Kontrast zum tiefen Blau des Meeres, aus dem sie sich erheben. Die in Kaskaden zum Meer hin abfallenden Kreidefelsen sind charakteristisch für die Küstenformation, sie lassen jedoch keinen Raum für Strände. Eine Luftaufnahme zeigt die beeindruckende Schönheit der Gegend, andere gewähren einen Einblick in das faszinierende Meeresleben in den dortigen Höhlen.

In der nördlichen Küstenebene liegt Akko, eine der ältesten israelischen Hafenstädte. Aus der Vogelperspektive sieht man die Altstadt, die von einer zu Beginn des 19. Jahrhunderts errichteten Stadtmauer umgeben ist. Bis heute stehen dort neben drei Türmen mehrere Kanonen. Innerhalb der Stadtmauern findet man eine große Moschee und einen Hamam, ein altes Badehaus, die beide Ende des 18. Jahrhunderts errichtet wurden. Außerdem gibt es eine Festungsanlage, die zur Zeit der osmanischen Herrschaft gebaut wurde und unter der man bei Ausgrabungen sechs Rittersäle und die Überreste einer alten gotischen Kirche entdeckte.

Blau und Ocker

Heute ist Akko ein Touristenzentrum mit einem farbenfrohen Markt, interessanten archäologischen Stätten, schmalen Gassen und einer Promenade entlang der Stadtmauern und Strände. Darüber hinaus ist die Stadt Sitz eines Zentrums des Bahai-Glaubens, dessen Anhänger Akko als heiligen Ort betrachten. Luftaufnahmen zeigen die Schönheit der sorgfältig gepflegten Anlagen des Bahai-Tempels. Im Jahr 2001 erklärte die UNESCO Akko zum Weltkulturerbe der Menschheit.

Ein weiteres, noch größeres Bahai-Center findet man in der Stadt Haifa. Die terrassenförmigen Gärten sind wunderschön angelegt und schon aufgrund ihrer Farben und symmetrischen Formen beeindruckend – im ersten Augenblick wirken sie geradezu unwirklich. In den Gärten, die schon an sich eine Touristenattraktion sind, stehen mehrere eindrucksvolle Gebäude.

Haifa mit dem nach Aschdod zweitgrößten israelischen Hafen ist die drittgrößte Stadt des Landes und das Zentrum Nordisraels. Erstmals wurde bereits im Jahr 104 v. Chr. an dieser Stelle ein Hafen erwähnt, die heutigen Hafenanlagen wurden aber erst im Jahr 1933 eröffnet und stellen eine wichtige Existenzgrundlage der Stadt und der gesamten Region dar. Beim Hafen befinden sich bedeutende Ölraffinerien und Anlagen der chemischen Industrie mit den dazugehörigen Handels- und Service-Einrichtungen.

Haifa erstreckt sich über einen großen Teil des Berges Karmel – vom Kamm bis hinunter in die Ebene. Die Stadt hat einen internationalen Flughafen und ist an das Bahnnetz angeschlossen, außerdem hat sie als einziges urbanes Zentrum Israels eine U-Bahn – sie gilt als die kleinste der Welt. Es gibt in der Stadt einige höhere Bildungseinrichtungen, unter anderem die Universität Haifa, eine medizinische Fakultät und das Technion. Haifa besitzt ein breites Freizeitangebot. Kultur und Unterhaltung werden hier gepflegt und der Veranstaltungs-

Blau und Ocker

kalender ist vielfältig. Außerdem gibt es Kunst-, Wissenschafts- und Technikmuseen sowie Ausstellungen rund um das Thema Meer.

Man kann Haifa in zwei Hauptbereiche aufteilen: In den Hügeln befinden sich die Wohnviertel, und im tiefer gelegenen Küstenabschnitt der Bucht der Hafen und die Industrieviertel.

In der Sharon-Ebene, dem Küstenabschnitt in der Mitte des Landes, liegt die moderne, zentral gelegene Großstadt Tel Aviv. Tel Aviv hat eine einzigartige Atmosphäre und zählt zu den Städten, die „niemals schlafen". Das Leben pulsiert dort in einem schnellen Rhythmus.

Tel Aviv ist reich an Kunst und Kultur. Im Jahr 1909 gegründet, war Tel Aviv die erste moderne jüdische Stadt und entwickelte sich Schritt für Schritt zwischen Sanddünen und Stränden. In Neve Zedek, einem der ältesten Viertel, kann man noch heute die ursprünglichen kleinen Häuser mit ihren roten Dächern sehen.

Heute ist Tel Aviv eine Stadt mit dichter und moderner Bebauung. Im vergangenen Jahrzehnt sind viele Wolkenkratzer wie Pilze aus dem Boden geschossen. Eines der höchsten Gebäude ist der 187 Meter hohe runde Turm des Azrieli Center in der Nähe einer belebten Kreuzung am Ayalon Freeway. Grundstücks- und Wohnraummangel in der Stadt haben die Preise für Immobilien und Mieten in teilweise schwindelerregende Höhen getrieben, sodass viele Einwohner gezwungen wurden wegzuziehen und nun täglich zwischen ihrem Zuhause im Umland und dem Arbeitsplatz in der Stadt pendeln. Als wirtschaftliches und kulturelles Zentrum Israels bietet Tel Aviv zahlreiche unterschiedliche Arbeitsmöglichkeiten.

Das Hauptquartier des Generalstabs der Armee ist in Tel Aviv ebenso angesiedelt wie viele Botschaften. Es gibt hier auflagenstarke Zeitungen, Bildungs- und Kultureinrichtungen, Universitäten, Museen, Theater und vieles mehr.

Blau und Ocker

An der Küste reiht sich ein Hotel an das andere, alle mit Balkonen zum Meer hin. An den Wochenenden sind die Strände fast immer sehr gut besucht, und vor allem in den heißen Sommermonaten scheinen sie von den Einwohnern halb Israels zusammen mit unzähligen Touristen bevölkert zu sein. Es gibt vielfältige Wassersportmöglichkeiten und einen betriebsamen Yachthafen.

Im Süden Tel Avivs liegt die malerische antike Hafenstadt Jaffa. Ihrer Lage in einer kleinen, windgeschützten Bucht wegen war sie in der Vergangenheit eine wichtige Hafenstadt. Bevor die Häfen von Haifa und Aschdod gebaut wurden, war Jaffa das Tor nach Israel. Heute zieht Jaffa große Besuchermengen aus dem In- und Ausland an, die durch die schmalen Gässchen bummeln, vorbei an Kunstgalerien, Fischrestaurants und dem alten Hafen, der heutzutage hauptsächlich von einheimischen Fischern benutzt wird. In Jaffa lebt die jüdische und die arabische Bevölkerung Seite an Seite. Ein Blick bei Sonnenuntergang von oben auf die Stadt zeigt die dicht gedrängten Häuser und die geschwungene Küstenlinie der kleinen Hafenstadt ins letzte goldene Sonnenlicht getaucht.

Im südlichen Küstenabschnitt des Landes, nur wenige Kilometer nördlich des Gaza-Streifens, liegt die Stadt Aschkelon. Sie gehört zu den ältesten Städten der Welt und war schon immer eine Hafenstadt mit einem lebhaften Warenumschlag. Neben den Überresten des Hafens und der antiken Stadt ist eine neue und moderne Metropole mit großen Wohnblöcken entstanden. Aschkelon gehört mit seinen Gärten, den alten Obstplantagen und neuen, in jüngster Zeit angelegten Grünanlagen dennoch zu den grünsten Städten in Israel. Die Gegend zwischen Aschkelon und der Grenze hält wunderbare weiße Sandstrände mit herrlichen Naturschutzgebieten bereit, in denen Besucher wild lebende Tiere in unberührter, freier Natur beobachten können.

102 – 103
So malerisch ist die antike Hafenstadt Jaffa. Wie schon seit Jahrtausenden liegen im Hafen die Boote der einheimischen Fischer.

104–105

Von der Hafenstadt Jaffa mit ihren roten Dächern aus erreicht man, wenn man der Küstenlinie folgt, bald Tel Aviv.

Metropolitan

106
Diese hoch aufragenden Hotelbauten kennzeichnen die Küste in Tel Aviv.

107
Promenade und Strände laden Besucher ein an die Küste zwischen Tel Aviv und Jaffa.

108–109

Die Azrieli Towers – ein runder, ein quadratischer und ein dreieckiger Turm –, ragen im Zentrum Tel Avivs in der Nähe der Ayalon-Schnellstraße in den Himmel. Der höchste der drei Wolkenkratzer ist 187 Meter hoch.

110

Die Ayalon-Brücke und die Türme der Diamantenbörse und des Handelszentrums prägen die Ansicht von Ramat Gan bei Tel Aviv.

111

Die Azrieli Towers in Tel Aviv sind leicht zu erknnen: Es handelt sich um drei Türme, von denen je einer einen dreieckigen, einen runden und einen quadratischen Grundriss besitzt. Das Freizeit- und Einkaufszentrum Azrieli Center befindet sich zwischen den Türmen.

112 – 113

Im Sonnenlicht leuchtet die Skyline von Tel Aviv – hier die Ansicht von von Süden.

114
Das Dizengoff Center ist ein markantes Gebäude an der Dizengoff-Straße, einer der Hauptstraßen Tel Avivs.

115 links
Bei Petach Tikwa in Zentralisrael befindet sich der große Yarkon-Friedhof .

115 rechts
Dieses Gebäude ist der Sitz des Zentrums der darstellenden Künste in Tel Aviv.

116 – 117
So leuchtet Tel Aviv bei Sonnenuntergang.

CARLTON

Carmel

118
Hotels reihen sich an der Küste bei Netanya, die von teilweise recht hohen und steilen Felsen geprägt wird.

119
Im südlichen Küstenabschnitt Israels liegt Aschdod, eine junge, dynamische Stadt, die im Lauf der Jahre eine beachtliche Anzahl von Immigranten aufgenommen hat. Dort befindet sich auch der größte Hafen des Landes.

120
Naharia liegt im Westen Galiläas zwischen Akko und den Klippen von Rosh Hanikra, die im Hintergrund zu sehen sind.

121
Der goldene Sand des Strands von Gaash, nicht weit vom Kibbuz Gaash, das nördlich von Tel Aviv liegt, lädt ein zu einem Sonnenbad.

122–123
Wie fast überall am Mittelmeer kann man auch an den israelischen Stränden Windsurfen, Wellenreiten, Jetski fahren und Segeln.

124
Ein Speedboot und das Meer – damit kann man bei Cäsarea jede Menge Spaß haben.

125
Eine Gruppe von Windsurfern übt auf dem Meer vor Cäsarea.

322
ISR397
ISR315

126

Ramat Hanadiv ist ein großer Park südlich von Zikhron Yaakov. Er wurde rund um die Gräber des Barons Rothschild und seiner Frau angelegt. Zum Park gehören Wanderwege, archäologische Stätten und ein Amphitheater, in dem im Sommer Konzerte veranstaltet werden.

127

Die Salinenbecken zwischen Atlit und Nevah Yam wurden über den Resten antiker Becken aus der Römerzeit errichtet.

128
Haifa erstreckt sich an den Hängen des Karmel-Gebirges bis hinunter zum Mittelmeer.

129
Dieser breite Boulevard zum Meer führt durch das Viertel der deutschen Kolonie in Haifa. Der Kuppelbau etwas links der Bildmitte ist das Bahai Center, das große Gebäude im Vordergrund das Dan Camel Hotel.

130
Hotels auf dem Karmel bieten eine wunderbare Aussicht auf Haifa, die Bucht und das Meer.

131
Die Wohnviertel auf dem Karmel sind von Grün umgeben und blicken auf die weite Bucht von Haifa.

132

Das Bahai Center befindet sich im Zentrum von Haifa und ist ein berühmtes Wahrzeichen der Stadt. Das faszinierende Zentralgebäude mit der goldenen Kuppel – die Grabstätte des Glaubensgründers – ist von herrlichen, gepflegten Gärten umgeben.

133

Haifa liegt an den Hängen des Karmel-Gebirges, der Kuppelbau des Bahai-Centers steht daher auch an exponierter Stelle.

134 – 135
Akko, eine der ältesten Hafenstädte der Welt, wurde auf einer ins Mittelmeer ragenden Halbinsel gebaut. Bereits die antike Stadt war von einer Mauer umgeben, die heute eine große Zahl von Gebäuden aus verschiedenen, auch späteren Epochen umschließt, unter anderem Moscheen, Synagogen, Kirchen und eine Festung.

136
Im Westen Galiläas erstreckt sich die Mittelmeerküste von Rosh Hanikra im Norden bis zu den Stadtmauern des antiken Akko.

137
Das Bild zeigt deutlich die Lage der alten Hafenstadt Akko auf einer Halbinsel und Teile der Stadtmauer, die sie umschließt.

138

Die Al-Jezzar-Moschee ist eines der bekanntesten und beeindruckendsten Bauwerke in Akko und wurde Ende des 18. Jahrhunderts erbaut.

139

Vor den Toren von Akko liegt ein weiteres Bahai-Zentrum, das von herrlichen Gärten umgeben ist, die Besuchern offen stehen. An dieser Stelle lebte der Perser Baha'ullah (1817 bis 1892), Gründer des synkretistischen Bahai-Glaubens, der Aspekte buddhistischer, jüdischer, christlicher und islamischer Anschauungen in sich vereint.

140 links
Dieser Strand am Mittelmeer befindet sich südlich des Akhziv-Nationalparks.

140 rechts
Zwischen den Felsen am Strand von Akhziv gibt es eine üppige Fauna, sowohl über als auch unter der Wasseroberfläche.

141
Der Akhziv-Nationalpark liegt an einem felsigen Uferabschnitt mit Lagunen und natürlichen, aber auch künstlich angelegten Meeresbecken.

142 und 143
Vor der gesamten israelischen Mittelmeerküste liegen oftmals winzige Inselchen, die häufig kleine Naturreservate darstellen. Sie bieten Vögeln, insbesondere Wasservögeln aber auch vielen anderen Tieren, einen Lebensraum.

144
In solchen Hainen gedeihen die Bananen in der Nähe der Küste bei Akhziv, im Westen Galiläas.

145
Die leuchtend weißen Klippen von Rosh Hanikra ragen aus dem blauen Wasser des Mittelmeers.

STUMME ZEUGEN DER VERGANGENHEIT

FLYING HIGH

147
Links: Die Kreuzfahrerfestung Montfort in Obergaliläa war das Hauptquartier des Deutschritterordens. Rechts: Das römische Theater von Scythopolis, heute Beit Shean, das einmal Sitzplätze für 7000 Menschen bot, ist eine der beeindruckendsten antiken Stätten der Gegend.

Niemand, der in Israel lebt oder es besucht, kann die Vergangenheit ignorieren. Geschichte ist eine der Grundlagen unseres Daseins und die Gegenwart stets die mehr oder weniger direkte Fortsetzung der Vergangenheit, bis hin in ferne Jahrhunderte und Jahrtausende. Gelegentlich bekommt man den Eindruck, als hätte sich ein übergroßer Teil der geschichtlichen Ereignisse genau hier zugetragen, in Israel, einem kleinen Land mit einem riesigen Erfahrungsschatz.

Die geografische Lage Israels an einem der wichtigsten interkontinentalen Schnittpunkte der Erde hat praktisch seit Beginn der überlieferten Menschheitsgeschichte für eine große kulturelle und zivilisatorische Vielfalt, aber auch für unsagbar blutige Konflikte gesorgt. Für die drei sogenannten Religionen der Schrift – Judentum, Christentum und Islam – ist diese Gegend zudem heiliger Boden. Es ist daher kein Wunder, dass viele Wissenschaftler bis heute versuchen, die überreiche Vergangenheit des Landes genauer zu erforschen, zum Beispiel indem sie die in den Heiligen Schriften erwähnten Stätten identifizieren und erkunden.

Zu Beginn des 19. Jahrhunderts begann man im ganzen Land die Überreste und Ruinen von Siedlungen systematisch zu erkunden und einer Identifikation zuzuführen. Im Jahr 1865 wurde der britische Palestine Exploration Fund gegründet, dessen ausführliche Erhebungen nach und nach alle Ruinen und Stätten im ganzen Land wissenschaftlich erfassten. In den 1890er-Jahren begann man an verschiedenen Stätten mit professionellen archäolo-

148
Der Berg Masada, nicht weit entfernt vom Ufer des Toten Meeres, gipfelt in einem ausgedehnten Plateau. Hier sieht man den nördlichen Teil des Plateaus mit dem Nordpalast. Am Rand der obersten Ebene erkennt man ein Badehaus, Lager- und Wohnhäuser sowie die Befestigungsmauer.

gischen Ausgrabungen, die von genauen Berichten über die aktuell vorgenommenen Arbeiten und die gemachten Funde begleitet wurden. Im Jahr 1920 gründete die Regierung die Antiquitätenbehörde, und das Antiquitätengesetz wurde verabschiedet. Im Lauf der Jahre wurden zwischen Gamla im Norden und der nabatäischen Stadt Avdat im Süden Hunderte von Stätten ausgegraben.

Im Jahr 1947 kam schließlich einer der bedeutendsten Funde ans Licht: die Schriftrollen von Qumran am Toten Meer. Sie wurden durch Zufall von einem Beduinenhirten in einer Höhle entdeckt. Insgesamt wurden in Tongefäßen verborgen sieben Pergamentrollen gefunden. Bei den Schriftrollen handelt es sich um die ältesten geschriebenen Auszüge aus den Heiligen Schriften, tausende Exzerpte aus verschiedenen Büchern der Bibel. Heute sind einige von ihnen im Schrein des Buches im Israel Museum in Jerusalem ausgestellt.

Auf dem Berg Masada, der sich im Süden der Judäischen Wüste 400 Meter über dem Toten Meer erhebt, befinden sich die beeindruckenden Überreste einer Festung. Luftaufnahmen zeigen deutlich die besondere Rautenform des Hügels mit den Ruinen von Gebäuden aus der Zeit des Königs Herodes, Zisternen und den Resten des römischen Belagerungssystems. Die Festung ist von Mauern und Türmen umgeben. An der Westseite entdeckten Archäologen einen riesigen Palast mit vier Flügeln sowie drei andere, kleinere Paläste in seiner Nähe. Die im frühen 19. Jahrhundert begonnenen Ausgrabungen dauern noch an. Besucher erreichen den Gipfel mit einer Seilbahn oder zu Fuß über einen der beiden Pfade. Masada gehört zu den beliebtesten touristischen Zielen des Landes und zieht große Besucherzahlen an. Im Jahr 2001 erklärte die UNESCO den Masada-Komplex zum Weltkulturerbe.

Die Stadt Cäsarea liegt an der Mittelmeerküste, außer einem schönen Strand kann die Stadt noch einen Nationalpark und diverse archäologische Stätten, darunter ein römisches Theater, vorweisen. Bei Cäsarea kann man noch viele Überreste der antiken Stadt bestaunen, die von der römischen Kaiserzeit bis in die byzantinische Zeit als Hauptstadt diente.

Stumme Zeugen der Vergangenheit

Zwischen 25 und 13 v. Chr. ließ Herodes Antipas dort prachtvolle Hafenanlagen bauen, den größten Mittelmeerhafen seiner Zeit. Zudem wurden ein 15 Kilometer langes Tunnelsystem und ein Aquädukt angelegt, um die Stadt mit Wasser zu versorgen. Aus der Luft kann man den beeindruckenden Aquädukt erkennen, der entlang der Küstenlinie verläuft, eine der imponierenden Konstruktionen der Antike, die wir aus ingenieurstechnischer Sicht bis heute bewundern.

Ab dem Jahr 1873 wurden die Altertümer Cäsareas systematisch erforscht, und 1945 begannen unter der Schirmherrschaft der britischen Mandatsregierung die ersten Ausgrabungen, die seitdem beinahe ununterbrochen fortgeführt werden, unter anderem auch im antiken Hafen des Herodes, der zum größten Teil im Meer versunken ist, und im Amphitheater, das beinahe 4000 Menschen Sitzplätze bot und in dem heute Konzerte veranstaltet werden.

Der Nationalpark Sepphoris (oder Zippori) befindet sich im Herzen Galiläas, zu ihm gehören die Überreste der gleichnamigen antiken Stadt. Die Stadt Sepphoris (Zippori) war in der Antike für ihre Schönheit bekannt, der jüdische Geschichtsschreiber Flavius Josephus nannte sie im ersten Jahrhundert n. Chr. gar „die Zierde ganz Galiläas". Zu den wichtigsten Stätten dort gehören ein römisches Theater auf einem Hügel, von dem aus man einen schönen Blick auf das Beit-Natufa-Tal hat, eine Festung der Kreuzritter, eine Villa aus dem dritten Jahrhundert n. Chr. mit dem beeindruckenden Mosaik der „Mona Lisa von Galiläa", eine alte Synagoge, alte Häuser und ein Aquädukt. Die Ausgrabungsarbeiten sind auch dort noch immer in vollem Gang.

Seit Ende der 1960er-Jahre konzentrierte sich ein Großteil der Ausgrabungsarbeiten in Israel auf Jerusalem. Neben der Klagemauer (Westmauer) befindet sich eine Ausgrabungsstätte am Fuß des Südhangs des Tempelbergs, wo sich auch der Archäologische Jerusalem-Park und das Davidson Center befinden. Weitere teilweise erschlossene antike Stätten gibt es im jüdischen Viertel und in der David-Stadt, sie alle sind Teil der faszinierenden

Der Nationalpark Tell-Beerscheba liegt östlich der Stadt Beerscheba. Einer der interessantesten Grabungsfunde, die dort gemacht wurden, besteht aus einer technisch komplexen Wassersammelanlage, zu der ein quadratischer, 15 Meter tiefer Schacht gehört, der mit einem riesigen Reservoir verbunden ist, in dem Wasser gesammelt wurde.

Stadtgeschichte. Die Ausgrabungen förderten viele Funde aus verschiedenen Epochen zutage, vor allem aber aus der Zeit des Ersten und des Zweiten Tempels.

Im Jahr 1986 wurde im See Genezareth ein Boot aus dem ersten vorchristlichen Jahrhundert entdeckt, und bereits ein Jahr früher fand man in der Nähe des Ufers der Karmel-Küste, nicht weit vom Kibbuz Maagan Michael, ein 2500 Jahre altes phönizisches Schiff. Das Schiff war komplett mit Takelage, Anker, Tonbehältern und sonstiger Ausrüstung erhalten. Es wurde im Rahmen eines technologisch hochmodernen Projektes aus dem Meer geborgen und konserviert. Heute ist es im Maritime Museum in Haifa ausgestellt.

Im Norden der Wüste Negev befinden sich die Überreste der nabatäischen Stadt Shivta, die Ende des ersten Jahrhunderts n. Chr. gegründet wurde. Bei archäologischen Ausgrabungen in der landwirtschaftlich geprägten Siedlung stieß man auf eine Zisterne, Wohnhäuser, Kirchen mit Baptisterien und eine kleine Moschee, die in früher arabischer Zeit errichtet worden war. Luftaufnahmen zeigen noch deutlich die Überreste der abgelegenen Wüstensiedlung. In der Nähe sieht man die Überreste von Terrassen und eines Drainagesystems aus byzantinischer Zeit.

Israel birgt eine Fülle von Fundstätten aus dem Altertum. Einige wurden bereits ausgegraben, bei anderen ist man gerade dabei. Wieder andere warten noch immer darauf, erschlossen und systematisch erforscht zu werden, um uns noch mehr Hinweise zu liefern, wie das Leben in der Vergangenheit hier aussah.

Im Gegensatz zu Fotos, die von diesen Orten am Boden gemacht wurden, bieten Luftaufnahmen andere Blickwinkel und zeigen die Dimensionen der Stätten innerhalb ihres geografischen Zusammenhangs sowie die Verhältnisse, in denen die verschiedenen Gebäude zueinander stehen.

154 – 155
Die Hafenstadt Cäsarea wurde Mitte des 3. Jahrhunderts v. Chr. an der Mittemeerküste gegründet. Heute sind Cäsarea und seine Umgebung ein Nationalpark, in dem man zahlreiche archäologische Funde aus unterschiedlichen Epochen bestaunen kann. Im Hintergrund sind die Anhöhen des Karmel-Gebirges zu erkennen.

156

Nachdem Herodes Antipas den Hafen von Cäsarea hatte ausbauen lassen, wurde er zu einem der bedeutendsten Häfen an der östlichen Mittelmeerküste. Aus der Zeit des Herodes erhalten hat sich auch ein Wellenbrecher zum Schutz der im Hafen liegenden Schiffe.

157

Die massive Befestigungsmauer, die die Kreuzfahrer in Cäsarea errichteten, wurde mitsamt ihren 16 Türmen und zwei riesigen Toren fast komplett zerstört. Die Ruinen der Mauer liegen in der Nähe des Meeres.

158
Das antike, von Herodes gebaute Bühnenheater hatte 4000 Sitzplätze, noch immer finden dort Veranstaltungen statt.

159
Der Palast des Herodes, in dem man Mosaikböden mit geometrischen Mustern entdeckte, war auf zwei Ebenen erbaut und ragt ins Meer hinaus. Im Hintergrund ist das am Ufer errichtete Hippodrom zu sehen, das einmal Sitzplätze für 30 000 Zuschauer bot.

160
Der am Strand entlang verlaufende, von Bögen gestützte Aquädukt ist eines der Wahrzeichen des antiken Cäsarea.

161
Zu den Überresten Cäsareas gehören Gebäude aus unterschiedlichen Perioden – herrliche Wohnhäuser ebenso wie verschiedene öffentliche Gebäude, etwa Lagerhäuser, Marktgebäude und Badehäuser mit Mosaikfußböden.

163
Rund 13 Kilometer südlich der Hafenstadt Haifa liegt die auch Château Pèlerin genannte Kreuzfahrerfestung Atlit.

164 – 165
Die größte arabische Siedlung in Israel ist der Ort Nazareth in den gleichnamigen Hügeln im Süden Galiläas. Die Neustadt liegt an einem Hang der Altstadt gegenüber. Im Hintergrund ist der Berg Tabor zu erkennen.

166 – 167

Nazareth gehört zu den bedeutendsten heiligen Orten der Christenheit. Die im Jahr 1969 geweihte Verkündigungsbasilika wurde über der Stelle erbaut, an der Maria, die Mutter Jesu, gewohnt haben soll und wo ihr der Erzengel Gabriel erschien.

168 und 169

Der Nationalpark Tell Megiddo liegt 60 Meter über dem umgebenden Tal, zwischen der Bucht von Haifa, Akko und Beit Shean. Er markiert den Ort einer frühen kanaanäischen Stadt. Die archäologische Stätte umfasst den sogenannten Elfenbeinpalast und weitere Paläste, das Stadttor und Ställe aus der Zeit des Königs Ahab. Am meisten beeindruckt einmal mehr das Wasserversorgungssystem, zu dem unter anderem ein 25 Meter tiefer Schacht gehört.

170
Die Tabor-Kirche, die Kirche der Verklärung Christi, erhebt sich auf dem Gipfel des Berges Tabor.

171

In der Nähe der Jesreel-Ebene im Süden von Untergaliläa schlängelt sich die Straße bis zur Spitze des Berges Tabor.

172

Die Überreste der antiken Stadt Beit Zeida aus dem 1. Jahrhundert v. Chr. wurden auf einem 25 Meter hohen Tell, einer durch wiederholte Besiedelung entstandenen Erhebung, nordöstlich des Sees Genezareth entdeckt.

173

Die Ruinen von Akab markieren den Ort eines jüdischen Anwesens aus der Zeit des Zweiten Tempels. Sie wurden bei Ramat Hanadiv südlich von Zichron Ja'akow bei Ausgrabungen entdeckt.

174

Corazim befindet sich etwa vier Kilometer nördlich von Kapernaum. Zu der Stätte gehört eine Siedlung aus dem frühen 1. Jahrhundert mit einer Synagoge.

175 links

In Tell Lachisch in der Ebene von Judäa förderten Archäologen die Überreste von Mauern, Türmen und Toren zutage.

175 rechts

Über 42 000 Basaltsteine bilden den jahrtausendealten Steinkreis Al-Hiri Rujm auf den Golan-Höhen.

176 links

Der Tell Jesreel erhebt sich 70 Meter über das gleichnamige Tal.

176 rechts

Sussita ist eine griechisch-römische Stadt auf einem Felsen der Golan-Höhen. Die archäologischen Arbeiten dort dauern noch an.

177

Im Nationalpark Tell Hazor im Süden des Hule-Tales wurden zahlreiche historische Schichten entdeckt, bis heute finden hier Grabungen statt. Gefunden wurden Paläste, Kultstätten, Mauern, Tore sowie ein Wasserversorgungssystem.

178 – 179

Das Seminarhaus Domus Galilaeae International Center, in dem der Papst bei einem Israelbesuch im Jahr 2000 eine Rede hielt, besteht aus einer Kirche und einem Priesterseminar auf dem Berg der Seligpreisungen über dem See Genezareth. Der Grundstein für diesen Komplex wurde im Jahr 1999 gelegt, und der Bau wurde im Jahr 2005 vollendet. Bemerkenswert ist die vergleichsweise moderne Architektur, die in einem Kontrast zu den meisten anderen religiösen Bauten im Heiligen Land steht.

180

Tabgha ist ein Eckpunkt des sogenannten „Evangelischen Dreiecks" am Nordufer des Sees Genezareth, das an die Taten Jesu in dieser Region erinnern soll. Hier fand das Wunder der Speisung der fünftausend statt, von dem das Neue Testament berichtet. Aufgrund der sieben Quellen, die hier in früheren Zeiten noch entsprangen, wird Tabgha auch Heptapegon, „Siebenquell", genannt. Inzwischen gibt es dort aber nur noch fünf Quellen.

181

Das Pilgerhaus in Tabgha ist eine Herberge, die im Jahr 1889 um eine kleine Kirche herum errichtet wurde. Das historische Gebäude wurde renoviert, vergrößert und im Jahr 2001 wieder eröffnet.

182
Bei der Ausgrabungsstätte Kursi wurden die Ruinen eines Klosters und einer Kirche aus dem 5. Jahrhundert n. Chr. gefunden.

183
Der Nationalpark Kursi liegt in der Nähe des Sees Genezareth. Im Herzen des Parks steht eine Holzskulptur, die angeblich Wunderkräfte besitzt. Besucher setzen sich auf diese Skulptur und wünschen sich etwas.

184

Bei Kapernaum wurden eine herrliche Synagoge aus dem 4. Jahrhundert und eine achteckige Kirche aus dem 5. Jahrhundert entdeckt. Die Kirche soll über dem Haus des Petrus errichtet worden sein.

185

Die schöne Kirche auf dem Berg der Seligpreisungen, die im Jahr 1936 von dem italienischen Architekten Antonio Barluzzi gebaut wurde, hat einen achteckigen Grundriss, der die acht Seligpreisungen aus der hier gehaltenen Bergpredigt Jesu symbolisieren soll.

186

Ein kleiner Komplex aus Gebäuden mit roten Ziegeldächern im linken Bildabschnitt umgibt die Brotvermehrungskirche in Tabgha am See Genezareth.

187 links

Eine kleine Kirche aus Basalt, die dem Heiligen Petrus geweiht ist, kennzeichnet die Stelle, an der Jesus nach seiner Auferstehung seine Jünger beim Essen antraf.

187 rechts

Die griechisch-orthodoxe Kirche der Sieben Apostel in Kapernaum ist aufgrund ihrer roten Kuppeln und weißen Mauern weithin sichtbar.

188
In einem Zweckbau am Jordanufer bereiten sich weiß gekleidete Gläubige auf die Taufe vor.

189
Der bewölkte Himmel spiegelt sich in den Fischteichen im Beit-Shean-Tal wider, über denen eine Schar Kormorane auf Beutejagd ist.

190

Die um das Jahr 1140 aus Basalt errichtete Kreuzritterburg Belvoir am Rand von Untergaliläa thront über dem Jordan-Tal.

192 – 193

Beit Shean liegt im in Nord-Süd-Richtung verlaufenden Beit-Shean-Tal. Der Nationalpark umfasst den 50 Meter hohen Tell Beit Shean, der einen grandiosen Ausblick über das darunterliegende Tal und die Stadt Scythopolis gewährt.

194

Eine prächtige Säulenreihe aus byzantinischer Zeit führte vom Theater zum Fuß des Tells in Beit Shean. Die säulengeschmückte Straße war einst über 180 Meter lang und etwa 7,5 Meter breit.

195
Das römische Theater, von dem die säulengeschmückte Straße wegführt, ist die eindrucksvollste Ruine Beit Sheans.

196 – 197
Qumran, wo in Höhlen die berühmten Schriftrollen entdeckt wurden, liegt am Nordwestufer des Toten Meeres an der Mündung des Flusses Qumran. Nach dem spektakulären Fund wurden dort archäologische Ausgrabungen unternommen, die die Überreste einer Siedlung zutage förderten, die auf das Jahr 150 v. Chr. datiert wird.

198 und 199

Das Herodium – eine faszinierende archäologische Stätte aus der Zeit des Zweiten Tempels – umfasst eine Festung und einen von König Herodes gebauten Palast.

200 – 201

Jericho ist eine der ältesten Städte der Welt und daher eine wahre archäologische Fundgrube. Es liegt rund zehn Kilometer nördlich des Toten Meeres. Zu den eindrucksvollsten architektonischen Resten gehört der Hisham-Palast, ein im 8. Jahrhundert errichteter Winterpalast eines Omajiden-Kalifen.

202 und 203
Masada diente als Festung, und man kann anhand der Lage deutlich erkennen, warum: Die mächtige frei stehende Felsklippe bietet eine perfekte Verteidigungsposition!

204 und 205

Der Masada-Felsen am östlichen Rand der Judäischen Wüste wird von einem rautenförmiges Plateau gekrönt, das in der Antike von einer Befestigungsmauer umgeben war. Diese war 1400 Meter lang und mit einer großen Anzahl von Türmen ausgestattet.

206

Der eindrucksvollste Ort auf dem Masada-Berg ist der von Herodes errichtete Nordpalast. Drei riesige Stufen wurden dafür in den Felsen gehauen. Ganz oben ließ Herodes ein Badehaus und 29 geräumige Lagerhäuser bauen. An dieser Stelle wurden Hunderte von Tongefäßen gefunden.

207

Auf der oberen Ebene des Nordpalasts liegen auch vier Schlafzimmer. Eine raffiniert angelegte Treppe führt hinunter zu den unteren Ebenen.

208
Der Nordpalast von Masada wurde auf drei Ebenen errichtet. Auf der mittleren Ebene befand sich ein großer Saal, der von Säulen umgeben war. Daneben kann man ein kleines privates Badehaus erkennen, das von den Palastbewohnern benutzt wurde.

209
Das Besucherzentrum, das Museum und die Herberge befinden sich am Fuß Masadas.

210
Avdat wurde zur wichtigsten Station an der nabatäischen Handelsroute zwischen Petra und dem Hafen von Gaza. Das Zentrum der Stadt befindet sich auf einem Hügel, 650 Meter über dem Meeresspiegel.

211
In Avdat fand man die beeindruckenden Reste eines Wohnviertels, eines Aussichtsturms, einer Weinpresse sowie die Ruinen von Kirchen und eines Badehauses.

212–213
Die Ruinen der abgelegenen nabatäischen Stadt Shivta sind in der Wüste Negev verstreut. In der byzantinischen Epoche wurde die Stadt von Pilgern als Rastplatz auf dem Weg nach Ägypten und zum Berg Sinai genutzt.

214
Shivta wurde längere Zeit von einer christlichen Gemeinde bewohnt – die Überreste dreier Kirchen wurden dort entdeckt. Auch eine Moschee aus den Zeiten der arabischen Herrschaft wurde gefunden.

215
Shivta lag an keiner bedeutenden Handelsroute und war nicht befestigt. Deshalb gehen Wissenschaftler davon aus, dass es sich bei Shivta um eine rein landwirtschaftliche Siedlung handelte.

216 und 217
Die nabatäische Stadt Mamshit ist die kleinste der Städte in der Negev-Wüste. Sie bedeckt eine Fläche von etwa vier Hektar. Bei archäologischen Ausgrabungen stieß man auf komplette Straßenzüge samt Gebäuden mit Höfen und Balkonen. Ebenso fand man die Reste zweier Kirchen. In Mamshit stieß man auf Gebäude, die von ihrem Entwurf her einzigartig sind und in dieser Form in keiner anderen nabatäischen Siedlung gefunden wurden.

219

Auf dem Tell Arad liegt eine der umfangreichsten antiken Siedlungen in Israel. Der Ort, der von der Bronzezeit bis in die Zeit des römischen Imperiums besiedelt war, ist in zwei Teile geteilt: einen tiefer gelegenen ummauerten Bereich und etwas entfernt davon einen Festungshügel.

DER ÖSTLICHE WASSERLAUF: VON DEN GOLAN-HÖHEN NACH ELAT

221
Links: Das Land der Datteln: Im Jordan-Tal findet man zahllose Palmenhaine. Rechts: Am Nordteil des Strands von Elat gibt es mehrere Hotels und einen Yachthafen.

Der Große Afrikanische Grabenbruch ist eine Kette geografischer Grabenzonen, die sich auch durch Israel zieht, vom Berg Hermon im Norden bis zum Golf von Akaba im Süden. Der Grabenbruch, der sich insgesamt von der Südtürkei bis ins afrikanische Mosambik erstreckt, entstand vor etwa 25 Millionen Jahren. In Israel verläuft er quer durch das Land, vom Berg Hermon, der durch die geologischen Vorgänge aufgeworfen wurde, entlang des Jordans, durch das Gebiet um den See Genezareth und die Senke des Toten Meeres bis zum Golf von Akaba und dem Roten Meer. Israel ist ein Land mit vielen unterschiedlichen Landschaftsformen, die sich auf dem vergleichsweise kleinen Territorium abwechseln. Die riesige Grabenzone hat die oftmals faszinierenden topografischen Besonderheiten hervorgerufen, etwa das mitten in der Wüste gelegene Tote Meer. Die Gewässer, die sich im Laufe der Jahre entlang des Großen Grabenbruchs gebildet haben, unterscheiden sich in Bezug auf Form, Tiefe und Wasserbeschaffenheit teilweise deutlich voneinander.

Der Jordan fließt entlang des Grabenbruchs durch Israel und teilt dadurch das Land in einen westlichen und einen östlichen Teil. Seine drei Quellflüsse, Dan, Banyas und Hazbani, fließen von den Hügeln am Fuße des Hermon herab und münden in den See Genezareth. Von oben sieht man, wie sich der Wasserlauf durch den hügeligen Abschnitt schlängelt, und man kann die recht starke Strömung erahnen, mit der er dem See Genezareth entgegeneilt. Im Nordosten des Sees, im Delta von Beit Tzida, fließen die Bäche zusammen und bilden Lagunen mit üppiger Vegetation, in denen zahlreiche Wasservögel und Wildtiere leben.

Der See Genezareth ist Israels wichtigster Wasserspeicher und deckt in regenreichen Jahren rund ein Drittel des Wasserbedarfs des Landes. Dort beginnt

222
Weitläufige Verdunstungspfannen zur Salzgewinnung im Becken des Toten Meeres bilden verschlungene Formen.

Der östliche Wasserlauf: von den Golan-Höhen nach Elat

die israelische Wasserpipeline, die wichtigste Wasseranlage des Landes, die das lebensnotwendige Nass aus dem regenreichen Norden in die trockeneren Regionen leitet. Die Pipeline ist etwa 130 Kilometer lang und besteht sowohl aus geschlossenen Leitungen als auch aus offenen Aquädukten. Im Beit-Natufa-Tal im südlichen Teil Galiläas ist sie als eine Art „Wasserarterie" zu sehen, die in Richtung Süden verläuft.

Der See Genezareth ist auch eine bedeutende Touristenattraktion. Seine gut gepflegten Strände ziehen viele Badegäste und Wassersportfans an. Hauptsächlich bestehen die Touristen in dieser Region jedoch aus Pilgern, die hierher kommen, um die heiligen Stätten des Christentums zu besuchen. Im Nordwesten des Sees befindet sich das sogenannte „Evangelische Dreieck", ein Gebiet, in dem sich drei Kirchen befinden, die an die Taten Jesu in dieser Region erinnern: eine in Tabgha, eine weitere auf dem Berg der Seligpreisungen und in eine in Kapernaum.

Kapernaum ist ein antikes Fischerdorf, in dem neben den Überresten einer herrlichen, großen Synagoge im ersten Drittel des 20. Jahrhunderts eine griechisch-orthodoxe Kirche errichtet wurde. Sie besitzt mit ihren runden roten Kuppeln ein südosteuropäisches Erscheinungsbild und ist den zwölf Jüngern Jesu gewidmet. Weiter oben steht die Kirche der Seligpreisungen auf dem gleichnamigen Berg, von dem aus man einen Blick über die ganze Region hat, die einen Eindruck üppiger pastoraler Schönheit vermittelt. Der Überlieferung nach steht die Kirche in Tabgha an dem Ort, an dem Jesus das Wunder der Speisung der fünftausend vollbrachte.

Am Westufer des Sees Genezareth liegt die Stadt Tiberias, die neben Jerusalem, Safed und Hebron als eine der vier heiligen Städte gilt, in der ein Großteil der jüdischen Bevölkerung Palästinas vor der Gründung des Staates Israel lebte. Der Tourismus ist heute die wichtigste Einnahmequelle. Tiberias bietet Besuchern eine Fülle von Restaurants, Hotels und Attraktionen. Die Stadt ist auf drei Ebenen gebaut. Die unterste liegt am Ufer des Sees Genezareth, zu ihr gehören die Altstadt, Hotels und die Überreste aus römisch-byzantinischer Zeit. Die mittlere Ebene an den Hängen der umliegenden Hügel besteht überwiegend aus Wohn-

Der östliche Wasserlauf: von den Golan-Höhen nach Elat

gebieten. Ganz oben befindet sich der neueste Teil der Stadt, an dem noch immer gebaut wird.

Der Jordan fließt südlich des Sees durch das Jordan-Tal bis ins Tote Meer, das hauptsächlich von seinem Wasser gespeist wird. Das Tote Meer ist ein weltbekanntes Naturphänomen und ein geologisches Extrem, denn seine Ufer sind der tiefste nicht von Wasser bedeckte Punkt der Erde. Sie liegen etwa 417 Meter unter Normalnull. Das Tote Meer hat einen sehr hohen Salzgehalt von über 30 Prozent, und man findet in ihm viele weitere, zum Teil sehr begehrte Mineralien. Die hohe Konzentration von Salz und Mineralien sorgt dafür, dass man sich mühelos auf der Wasseroberfläche treiben lassen kann. Auch für seine heilenden Eigenschaften ist das Tote Meer bekannt. Im Gegensatz zum blauen Wasser des Sees Genezareth ist das Tote Meer grün und nimmt gelegentlich auch einen Türkiston an. Es liegt am Rand der Wüste von Judäa, wobei das Westufer israelisch und das Ostufer jordanisch ist.

Auf der israelischen Westseite des Toten Meeres befindet sich die pittoreske Region Matzor HaHe'etekim, die durch vielfältige geologische Aktivitäten entstanden ist. Die meisten Wasserläufe der Judäischen Wüste verlaufen hier, was zur Bildung von Höhlen führte, die in der Vergangenheit auch als Behausungen dienten. Die gesamte südliche Region des Sees ist wunderschön, man findet dort die Reste von Lagunen, Schwemmkegel und viele andere geologische Formen, die diesem Gebiet ein markantes und unverwechselbares Erscheinungsbild geben. Trotz der Trockenheit leben in dieser Gegend viele Tierarten, zum Beispiel Steinböcke und anderes Wüstenwild, und es gedeiht eine erstaunlich vielfältige Vegetation.

Neben der recht intensiven Tourismusindustrie hat die Region auch Bedeutung als Abbaugebiet von Mineralien. Die Dead Sea Works sind der weltweit größte Produzent von Pottasche (Kaliumcarbonat) und Bromid. Die Anlage zur Salzproduktion arbeitet mit Verdunstungsbecken, die im südlichen Teil des Toten Meeres liegen. Betrachtet man sie von oben, sehen diese Becken aus wie die Palette eines Malers, der viele Braun-, Türkis- und Grüntöne verwendet. Die Becken enthalten die Rohmaterialien, aus denen schließlich Pottasche

Der östliche Wasserlauf: von den Golan-Höhen nach Elat

hergestellt wird. In den letzten Jahren sind aufgrund der natürlichen Verdunstung, aber auch in Folge der Verdunstungsbecken der Dead Sea Works Schlucklöcher am Ufer aufgetreten.

Südlich des Toten Meeres verläuft im Osten entlang der jordanischen Grenze ein langes, enges Tal, das als Arava-Senke oder Arava-Tal bekannt ist. Die Arava-Senke ist eine von Natur aus trockene Region, deren Bewohner von Gewächshauslandwirtschaft leben. Ein Großteil der Produkte, die von hier stammen, wird exportiert. Die israelische Landwirtschaft ist hoch entwickelt, und sie basiert auf modernsten Anbaumethoden. Sie stützt sich auf eine der besten Bewässerungstechniken der Welt, die überwiegend durch Tröpfchenbewässerungssysteme hohe Erträge bei einer vergleichsweise sparsamen Verwendung von Wasser erbringt. Israel kann daher mit vielen Naturprodukten nicht nur den Binnenmarkt bedienen, sondern ist auch ein bedeutender Exporteur von Zitrusfrüchten, Honig, Wein und Blumen. Aufgrund dieser Nutzung der an sich trockenen Arava-Region ist ihr einzigartiges Erscheinungsbild auch von bunten Abschnitten geprägt.

Elat ist die südlichste Stadt Israels und liegt bereits am Roten Meer. Sie verfügt über einen Hafen und einen Flughafen. Seit ihrer Gründung im Jahr 1951 hat sich die Stadt von einem kleinen Fischerdorf zu einem blühenden Hafen und beliebten Touristenziel entwickelt. Der Ort liegt weit entfernt von der dicht besiedelten Zentralregion des Landes, ist aber dennoch unproblematisch und schnell zu erreichen. Die meisten Hotels und Touristenattraktionen Elats liegen am Meer nördlich der Stadt.

In biblischen Geschichten symbolisiert das Rote Meer die Rettung der Israeliten auf ihrer Flucht aus Ägypten. In Exodus (2. Buch Mose), Kapitel 14, Vers 16 heißt es: „Du aber hebe deinen Stab auf und recke deine Hand über das Meer und teile es mitten durch, sodass die Israeliten auf dem Trockenen mitten durch das Meer gehen." Das Meer teilte sich in zwei Hälften, und die Israeliten durchquerten es.

Das Rote Meer ist heute eine bedeutende Touristenattraktion. Viele Besucher kommen zum Baden und Tauchen hierher, um das prachtvolle Korallenriff und die farbenfrohe Unterwasserwelt zu genießen.

Der östliche Wasserlauf: von den Golan-Höhen nach Elat

Diejenigen, die sich trockenen Fußes an den Schätzen der Unterwasserwelt erfreuen möchten, können dies in einem Unterwasserobservatorium tun. Außerdem können Touristen das Delfin-Riff besuchen und zusammen mit diesen wundervollen Meeressäugern schwimmen. Das besonders im Winter angenehme Wetter lockt viele Touristen an, die das Meer, die Strände und die Sonne genießen möchten.

Elat liegt am Dreiländereck von Israel, Ägypten und Jordanien, daher gibt es hier zwei internationale Grenzen und zwei Grenzkontrollpunkte. Der Grenzübergang Taba nach Ägypten ist seit dem Jahr 1982 offen, als Folge des Friedensvertrages mit Ägypten. Die jordanische Grenze ist seit der Unterzeichnung des israelisch-jordanischen Friedensvertrags im Jahr 1994 passierbar. Wichtige Einnahmequellen der Stadt stellen Hafen und Flughafen dar, letzterer bietet sowohl Inlandsflüge als auch internationale Flüge an.

Zwischen dem Roten Meer, den Bergen und der Wüste genießt Elat eine wundervolle Lage und bietet einen prächtigen Anblick: Die weißen Häuser der Stadt schmiegen sich an rotbraune Hügel und erstrecken sich hinunter bis an das blaue Wasser des Meeres. Besucher können an Wanderungen und Touren teilnehmen und einen Ausflug zum Nationalpark Timna machen, der sich in einem hufeisenförmigen Tal etwa 30 Kilometer nördlich von Elat befindet. Der Großteil des Parks ist ein Naturschutzgebiet, das von vielen geologischen Eigentümlichkeiten und atemberaubend schönen Landschaftsformen geprägt ist. Im Reservat gibt es einen künstlichen See, auf dem man segeln kann. Außerdem kann man hier prähistorische Kupferminen bestaunen, in denen bereits vor Tausenden von Jahren das begehrte Metall gefördert wurde. Andere faszinierende Attraktionen des Parks sind der vier Meter hohe „Pilz" und „Salomons Säulen" am Berg Timna. Die Säulen sind das Resultat natürlicher Erosion des Sandsteins. In der Nähe befinden sich außerdem zwei Bögen aus Sandstein, die ebenfalls durch natürliche Erosion entstanden sind.

Die Fauna in der Umgebung des Kibbuz Yotvata ist ebenfalls einen Ausflug wert. Dort wird versucht, Tiere, die einstmals in dieser Region gelebt haben, wieder heimisch zu machen.

228
Mevo Hamma auf den Felsen von Haon, die zum See Genezareth abfallen, ist die südlichste Siedlung auf den Golan-Höhen.

229
Gespeist von fünf mineralreichen heißen Quellen gibt es in Hammat Gader im Süden der Golan-Höhen Teiche und Becken, die zu Freizeit-, aber auch zu Heilzwecken genutzt werden.

230

Die Ruinen der im Mittelalter von einem Neffen Saladins erbauten Nimrodsburg liegen am Fuß des Hermon.

231

Da Kamel auf Hebräisch „Gamal" heißt, erhielt diese Stätte in der Form eines Kamelhöckers den Namen Gamla. Sie liegt inmitten der Golan-Höhen und ist von einem Naturschutzgebiet umgeben, in dem sich einige archäologische Ausgrabungsstätten befinden.

232 – 233
Auf den südlichen Golan-Höhen nahe dem Kibbuz Mevo Hamma wird Getreide angebaut.

234
Farbenfroh ist die Aussicht auf die Felder des Kibbuz Kfar Haruv und das Feriendorf Mitzpeh Hashalom im Süden der Golan-Höhen. Dahinter erkennt man die Genezareth-Ebene und Galiläa.

235 links
Die Taufstelle Yardenit am Jordan ist von Eukalyptusbäumen umgeben.

235 rechts
Der Arbel-Felsen erhebt sich über dem See Genezareth und ändert je nach Jahreszeit seine Färbung. Im Sommer weist er verschiedene Brauntöne auf, während er im Winter, bedeckt von üppiger Vegetation, grün leuchtet.

236 und 237

Der Jordan fließt etwa zwölf Kilometer weit durch ein raues, hügeliges Gebiet, vorbei an steilen Hängen und zwischen schroffen Felsen hindurch. Im Winter und im Frühling ist die Region wegen ihres Wasserreichtums und der üppigen Vegetation besonders verlockend.

238
Der Jordan schlängelt sich durch das Hügelland nördlich des Sees Genezareth.

239
Hier mündet der Jordan in den See Genezareth, den er durchfließt, um seinen Weg in Richtung Süden bis zum Toten Meer fortzusetzen.

240
Der Kibbuz Alumot wurde auf einem Hügel errichtet, von dem aus man den See Genezareth und das Jordan-Tal überblicken kann.

241
Die Sonnenschirme am Strand des Feriendorfes En Gev beim gleichnamigen Kibbuz erscheinen von oben wie hellgrüne Tupfen.

242 links

Degania, „die Mutter aller Siedlungen", wurde im Jahr 1910 gegründet und schuf das Vorbild für Hunderte von späteren Kibbuzim. Das Zusammenleben im Kibbuz beruht auf einer gemeinschaftlichen Lebensweise.

242 rechts

Der Kibbuz Ginosar liegt am Ufer des Sees Genezareth und lebt vom Fischfang, von der Landwirtschaft und vom Tourismus.

243

Der Jordan fließt in der Nähe des Kibbuz Degania wieder aus dem See Genezareth heraus.

244
Die Stadt Tiberias liegt direkt am Ufer des Sees Genezareth.

245
Fast überall am See Genezareth kann man Wassersport betreiben. Die örtliche Tourismusbranche floriert, in Tiberias stehen zahlreiche Hotels direkt am Seeufer.

246 – 247

Tiberias liegt am Westufer des Sees Genezareth. Im 19. Jahrhundert gehörte es neben Jerusalem, Safed und Hebron zu den Städten, in denen die meisten Juden auf dem Boden des Heiligen Landes lebten. Heute ist Tiberias ein beliebter Touristenort mit Dutzenden von Hotels.

248

Ramat Yissakhar mit seinen weitläufigen Getreideanbauflächen liegt an den Hängen des Yavniel-Tals und zieht sich bis zum See Genezareth.

249

Beim Blick über das Yavniel-Tal in Richtung Norden kann man den Gipfel des Hermon sehen, der gelegentlich über die Wolkendecke ragt. Im Sommer ist der Hermon braun, im Winter ist das Bermassiv jedoch häufig von Schnee bedeckt und leuchtet weithin sichtbar über das Land.

250

Die Arik-Brücke liegt in der Nähe der Mündung des Jordans in den See Genezareth. Die Brücke ist nach Arik Shemer benannt, einem Offizier der Fallschirmjäger, der in dieser Gegend ums Leben kam.

251

In Windungen fließt der Jordan nach seinem Austritt aus dem südlichen Ende des Sees Genezareth beim Kibbuz Degania.

252

Vom Berg Yavniel aus sieht man auf das Yavniel-Tal, das Jordan-Tal und den See Genezareth. Im Hintergrund ist das Edom-Gebirge zu erkennen.

253

Hydroagrikulturanlagen bilden geometrische Muster im Jordan-Tal. Das Wasser des Jordans wird auf vielfältige Weise fast vollständig dem menschlichen Nutzen zugeführt.

254 – 255
Ein Blick auf das Jordan-Tal, den gewundenen Flusslauf und die Felder am Ufer. Der Jordan bildet die Grenze zwischen Israel im Westen und Jordanien im Osten.

256 – 257
So vielgestaltig ist das Jordan-Tal zwischen Beit Shean und dem See Genezareth.

258

Die Fischteiche im Jordan-Tal nördlich von Beit Shean gehören zur Siedlung Or.

259

Die Kibbuzim Maoz Haim und Naveh Eitan liegen im Beit-Shean-Tal. Zu ihnen gehören auch landwirtschaftliche Nutzflächen, auf denen Bewässerungsanbau betrieben wird.

260
Im Beit-Shean-Tal wird im großen Stil Treibhauslandwirtschaft betrieben.

261
Auch der Kibbuz Tirat Zvi im Beit-Shean-Tal ist von landwirtschaftlichen Nutzflächen umgeben, auf denen Bewässerungsanbau betrieben wird.

262 und 263
Das nördlichen Gebiet am Toten Meer wird von ausgedehnten Palmenplantagen geprägt.

264 – 265
Das Naturschutzgebiet Einot Zukim, auch Ein Feschka genannt, befindet sich nördlich des Toten Meeres. Hier gibt es zahlreiche salzige Quellen, deren Wasser sich in kleinen Tälern den Weg zum Toten Meer bahnt. In dem Gebiet leben viele interessante Tier- und Pflanzenarten.

266 – 267
Die zerklüfteten gelblichen Felsen von Hawar Halashon befinden sich in der Nähe des Moschaw Neot Hakikar im Norden der Arava-Region nicht weit vom Toten Meer. Als Moschaw bezeichnet man in Israel genossenschaftlich organisierte ländliche Siedlungen.

268
Diese Mergelfelsen umgeben den Moschaw Neot Hakikar südlich des Toten Meeres.

269
Die Dead Sea Works produzieren eine Reihe von Mineralien, vor allem Pottasche und Bromid.

270 – 271

Hauptsächlich im Winter genutzt werden die Treibhäuser bei Kikar Sedom in der nördlichen Arava-Region südlich des Toten Meeres.

272 und 273

Infolge des sowohl natürlichen als auch vom Menschen verstärkten Absinkens des Wasserspiegels des Toten Meeres entstanden unterschiedlich große Schlucklochkrater im Uferbereich, einige davon haben einen Durchmesser von bis zu 40 Metern.

274

Entlang der Ostgrenze Israels verläuft die Route 90, die vom See Genezareth im Norden durch die Arava-Region bis nach Elat im Süden führt, am Ufer des Toten Meeres entlang.

275

In den Verdunstungsbecken der Dead Sea Works sammelt sich das Salz auf der Wasseroberfläche.

276 – 277
Die Verdunstungsbecken im Toten Meer schimmern in Blau- und Türkistönen.

278, 279 und 280–281

Wie einzigartige „Kunstwerke" erscheinen diese Muster. Sie entstehen durch die Mineralien aus dem Toten Meer an den Stellen, an denen sich das Wasser zurückgezogen hat.

282

Salzkristalle am Toten Meer bilden solche Formationen.

283

Obwohl durch das Zurückweichen des Wassers faszinierende Strukturen und teilweise atemberaubende Anblicke entstehen, ist das Absinken des Wasserspiegels des Toten Meeres um durchschnittlich einen Meter pro Jahr beängstigend. Man versucht in Israel derzeit zusammen mit Jordanien, diese gefährliche Entwicklung zu stoppen oder zumindest zu verlangsamen.

284 – 285
Die aus dem türkisfarbenen Wasser hervorragenden Salzkrusten bilden immer wieder neue faszinierende Strukturen.

286 – 287
Mineralablagerungen haben an diesem Uferbereich ihre Spuren hinterlassen.

288

Das Tote Meer bietet herrliche Strände für Erholungssuchende, die hierher kommen, um die gesundheitsfördernde Wirkung des Wassers zu genießen oder einfach nur Spaß zu haben.

289

Das Tote Meer lockt Touristen aus dem In- und Ausland an – hier ein Blick von Süden her auf die Hotels von Ein Bokek.

290
Der hohe Salzgehalt des Toten Meeres ermöglicht es den Badenden, ohne Mühe auf der Wasseroberfläche zu treiben.

291 links und rechts
Die gesundheitsfördernden Eigenschaften des mineralhaltigen Wassers machen das Tote Meer zu einem beliebten Touristenziel und ziehen zahlreiche Badelustige an.

292

Jedes Jahr im Winter wird am Toten Meer ein Halbmarathon ausgetragen.

293

Eine israelische und eine philippinische Flagge sind in der Nähe des Toten Meeres auf dem Boden ausgebreitet. Die riesigen Flaggen messen jeweils etwa 650 mal 100 Meter und kamen als die größten Flaggen der Welt in das Guinnessbuch der Rekorde.

294 und 295
Die Erosion hat in der unberührten Landschaft der Mergelfelsen bizarre Formen geschaffen.

296
Im Arava-Tal unterbrechen landwirtschaftlich genutzte Flächen die eintönigen Braun- und Gelbtöne der Wüste.

297
Vom Strand des Toten Meeres bei der Oase En Gedi sieht man im Hintergrund den gleichnamigen Kibbuz.

298
Der Kibbuz Yotvata in der Arava-Region bietet das typische Bild solcher Kollektivsiedlungen, die sich überwiegend der Landwirtschaft, zunehmend aber auch der High-Tech-Industrie widmen.

299
Im Naturschutzgebiet Ein Feschka nördlich des Toten Meeres findet man salzige Quellen.

300
Über eine Fläche von etwa drei Quadratkilometern verstreut bilden 17 antike Reservoirs zusammen auf dem Bergkamm des Ramon die Wasserlöcher von Lotz. Sie wurden in vorchristlichen Jahrhunderten in den Fels gehauen und mit Steinen eingefasst.

301
Im Lahaw-Wald, südlich der Hügel von Judäa, liegt das Joe Alon Museum, das auf israelische Geschichte und die Kultur der Beduinen spezialisiert ist.

302
Die Gemeinde Tzukim in der Arava-Region wurde im Jahr 1996 an der Stelle eines früheren Armeestützpunkts errichtet.

303
Vom Hügel des Kibbuz Grofit in der Arava-Region hat man einen sehr schönen Blick auf die südliche Arava-Region und die Edom-Berge.

Le
MERIDIEN

304 und 305

Durch Molen gut geschützt ist die Einfahrt zum Yachthafen von Elat. Die Strände und Hotels sind fast das ganze Jahr über gut besucht.

306 und 307
Zwei Aufnahmen der Bucht von Elat mit der Stadt Akaba auf der jordanischen Seite. Das Wetter hier ist praktisch das ganze Jahr wunderschön, daher ist die Stadt durch ausländische und israelische Besucher permanent überlaufen.

308 und 309

Im nördlichen Bereich des Strandes von Elat stehen die meisten Hotels, und auch ein Yachrhafen befindet sich dort. Entlang der Strandpromenade gibt es für die Urlauber jede Menge Möglichkeiten für einen abwechslungsreichen Zeitvertreib.

המלך שלמה
KING SOLOMON

310

Zum Naturschutzgebiet Coral Beach gehört ein langer Steg, der speziell gebaut wurde, um Badegästen den Weg ins Meer zu ermöglichen, ohne auf die Korallen in der Nähe des Ufers treten zu müssen.

311

Die verschiedenen Wassersportarten sind bei Einheimischen und Besuchern gleichermaßen beliebt.

312 und 313
Besucher des Delfin-Riffs in Elat können zusammen mit frei im Meer lebenden Delfinen schwimmen und tauchen.

314

Das Unterwasserobservatorium in Elat befindet sich in unmittelbarer Nähe des Thai-Feriendorfs.

315

Im Unterwasserobservatorium können Besucher Fische und andere Meeresbewohner bestaunen, ohne auch nur nasse Füße zu bekommen. Man kann die Unterwasserwelt auch durch Glasbodenboote betrachten.

316–317

Das Taba Hilton im Vordergrund befindet sich noch in Elat, doch das Princess Hotel im Hintergrund steht bereits auf der anderen Seite der ägyptischen Grenze.

MACHT EUCH DIE ERDE UNTERTAN

FLYING HIGH

319
Links: Nur wenig ist von der Festung der Hasmonäer auf dem Berg Sartaba im Osten Samarias erhalten geblieben. Rechts: Kafr Tabor liegt in Untergaliläa am Fuß des Bergs Tabor, der sich 400 Meter über das Umland erhebt.

Aus der Vogelperspektive kann man am besten erkennen, wo eine Landschaft noch naturbelassen ist und wo der Mensch bereits eingegriffen hat. Ganz sicher vor Jahrtausenden und sogar noch vor Jahrhunderten sah die Welt ganz anders aus. Der Mensch zeigte sich weitgehend respektvoll gegenüber der Natur und verehrte sie teilweise sogar, er war sich ihrer auf jeden Fall stärker bewusst. Von Anfang an setzte der Mensch jedoch seinen Verstand ein und nutzte die einfachen Basismaterialien, die die Natur ihm bot. Im Laufe der Zeit begann er in zunehmendem Maße, Werkzeuge zu verwenden, um seine Umwelt zu gestalten und die Natur nach seinen Vorstellungen und seinen Bedürfnissen zu ordnen.

In der Moderne haben diese Maßnahmen eine bis dahin kaum für vorstellbar gehaltene Intensivierung erfahren. Die Bautätigkeiten weiteten sich ungeachtet der natürlichen Umgebung immer mehr aus, man konzentriert sich vor allem darauf, eine zunehmend bequemere Umwelt für den Menschen zu schaffen. Nachdem Wohnort und Arbeitsstelle immer weiter voneinander entfernt liegen konnten, wurden Faktoren, wie die Nähe der Wohnung zum Arbeitsplatz und zu Bildungseinrichtungen und anderen für den Menschen wichtigen Institutionen, Kriterien der Umweltgestaltung. Der Mensch musste sich für Jahrtausende mehr oder weniger der Natur anpassen, und zumindest die natürliche Balance zwischen ihr und dem, was der Mensch erschuf, weitgehend aufrechterhalten. Inzwischen aber sind dem Menschen Mittel an die Hand gegeben, die Natur seinen Bedürfnissen anzupassen, und diese Balance ist in Gefahr.

320
Der Zin-Fluss bahnt sich seinen Weg durch Kreidefelsen und Marmorzisternen genannte Mulden im Tal, in denen sich im Winter Wasser sammelt. Der Fluss ist etwa 120 Kilometer lang, entspringt am Berg Ramon in der Arava-Region und mündet ins südliche Tote Meer.

Macht euch die Erde untertan

Im Gebiet zwischen dem Ramon-Krater und der Arava-Senke sowie im Deltagebiet des Sees Genezareth und in Teilen der Judäischen Wüste gibt es noch völlig unberührte Gegenden. Das erstgenannte Gebiet ist als „jungfräuliches Land" bekannt und besteht aus Dutzenden von Quadratkilometern Wüste.

Aber in diesem Kapitel soll nicht ausschließlich von der Natur die Rede sein, sondern auch von besonderen Stadtlandschaften. Hierzu zählen zum Beispiel Teile Tel Avivs mit Tausenden von Häusern im Bauhaus-Stil. Dieses architektonische Erbe soll gewürdigt werden und für spätere Generationen erhalten bleiben.

In der Vor- und Frühzeit wurde bei der Anlage von Wohnstätten und Grabanlagen ein großer Wert auf ihre Positionierung innerhalb der sie umgebenden Landschaft gelegt. Auf den Golan-Höhen legen Dolmen, die wie riesige Tische aus großen, unbehauenen Steinen aussehen, davon Zeugnis ab. Sie sind die Überreste prähistorischer Einzel- oder Gruppengrabstätten. Eine andere Steinsetzung, deren spezielle Form man nur in einer Luftaufnahme erkennen kann, ist Rogem Hiri, auf Arabisch Al-Hiri Rujm, der „Steinhaufen der wilden Katze". Die Anlage besteht aus über 42 000 Basaltsteinen, die in offenen und geschlossenen Ringen arrangiert sind. Wissenschaftler sind der Meinung, dass das Bauwerk zwischen 4000 und 5000 Jahre alt ist. Der Durchmesser des äußeren Rings beträgt 150 Meter. Die Stätte liegt in einer Ebene und es gibt weit und breit keine natürliche Geländeerhöhung, von der aus man sie überschauen könnte. Es handelt sich wohl um eine Kultstätte, und manche glauben, dass in ihrem Zentrum auch Bestattungen vorgenommen wurden.

Im Jahr 1921 wurde Moschaw Nahalal im Norden der Jesreel-Ebene gegründet. Es handelte sich dabei um eine Arbeitersiedlung, deren Organisation auf dem Prinzip der Gleichheit basierte. Entwurf und Bau gehen von einer Kreisform aus, die öffentlichen Gebäude befanden sich für alle zugänglich im Zentrum. Um sie herum gruppierten sich die Wohnhäuser, und noch weiter außen lagen die landwirtschaftlichen Flächen. Dies war im Hinblick auf Sicherheit und die Aufteilung des Bodens in für alle 75 Familien gleich große Parzellen – ein Prinzip, auf dem die Arbeitersiedlung beruhte – ein zweckmäßiger Entwurf.

Macht euch die Erde untertan

In den 1930er- und 1940er-Jahren wurde der Kibbuz zur wichtigsten Siedlungsform für die Juden in Palästina. Die erste zionistische Gruppe, die den Kern dieser Idee hervorbrachte, gründete im Jahr 1909 den Kibbuz Degania am See Genezareth. Bis heute gilt er als die „Mutter aller Siedlungen". Die Kibbuzgesellschaft beruhte in ihren frühen Jahren auf landwirtschaftlicher Arbeit sowie Gemeinschaft und absoluter Gleichheit in allen Bereichen des Lebens. Das Motto der Kibbuzim war: „Ein jeder soll nach seinen Bedürfnissen erhalten, ein jeder soll nach seinen Möglichkeiten geben", gemäß dem Prinzip, dass alle Menschen den gleichen Wert haben. Später gründeten sich Kibbuzim auch auf Handwerk und sogar auf industrielle Fertigung. Eine Luftaufnahme zeigt einen Überblick über die Gemeinschaftsstrukturen im Herzen des Kibbuz', zu denen das Kulturzentrum, der Speisesaal, die Hauptwäscherei und vieles andere gehören. Die kleinen Häuser sind kreisförmig angeordnet. Weiter außen befinden sich verschiedene Produktionseinrichtungen, die die Betätigungsfelder des Kibbuz' widerspiegeln. Noch weiter entfernt um die Anlage herum liegen die landwirtschaftlichen Flächen, die die Mitglieder des Kibbuz' mit Fahrzeugen erreichen. Im Gegensatz zum typischen städtischen Lebensumfeld gehört zum Kibbuz-Modell eine Fülle von Gärten und Grünanlagen. Im Zentrum des Kibbuz' und zwischen den Gebäuden befinden sich hauptsächlich schmale Wege.

Im Laufe der Jahre schwand die Idee des Kollektivs jedoch immer mehr, und die Kibbuzim erfuhren einen Privatisierungsprozess. Es gibt es jedoch immer noch Kibbuzim in Israel, und junge Freiwillige aus dem Ausland kommen weiterhin hierher, um im Rahmen eines gemeinschaftlichen Lebens körperlich zu arbeiten. „Ein jegliches hat seine Zeit . . ." (Prediger 3,1–5)

Ein Beispiel für einen gänzlich misslungenen Eingriff in die Natur stellte einmal die Hula-Ebene dar. Im Jahr 1951 wurde die Entscheidung getroffen, die Sümpfe dort trockenzulegen, um landwirtschaftlich nutzbare Flächen für die benachbarten Siedlungen zu schaffen. Nach der Trockenlegung des Gebiets fand man jedoch bald heraus, dass eine landwirtschaftliche Nutzung der Flächen höchst problematisch war, weil man den Boden für den Anbau kaum aufbereiten konnte. Deshalb beschloss man, den Ort zu renaturieren. Das Naturschutzgebiet Hula ist heute eines der schönsten des Landes. Es wirkt wie ein blühender Garten Eden und zieht Tier- und Pflanzenfreunde aus aller Welt an. Da das Naturschutzgebiet auf der Vogelflugroute zwischen Europa und Afrika liegt, fungiert es als wichtiger Rastplatz für Zugvögel. Hier sind mehr als 200 Vogelarten vertreten. Im Naturschutzgebiet gedeihen auch andere Tierarten – Säugetiere und vor allem Fische – und viele Pflanzen prächtig.

Die politische und gesellschaftliche Situation in Israel war schon immer kompliziert. Dem zionistischen Traum folgten die Gründung des Staates, der Siedlungsprozess, aber schnell auch die Konflikte um Grund und Boden. Das Nebeneinander der Bevölkerungsgruppen, die sich mit sehr gemischten Gefühlen gegenüberstehen, behinderte und behindert häufig das Wachstum. In einer sich täglich ändernden Sicherheitslage, die von vielen als unerträglich empfunden wurde, beschloss die israelische Regierung im Jahr 2002, eine Trennmauer zwischen der palästinensischen Bevölkerung Judäas und Samarias und Israel zu errichten.

Die Mauer ist seitdem ein ständiges Streitthema. In manchen Gebieten, in denen die Mauer gebaut wurde, verringerte sich die Zahl der terroristischen Anschläge erheblich, und kaum ein Selbstmordattentäter gelangte mehr nach Israel. Andererseits zeigen Luftaufnahmen, dass in manchen Orten palästinensische Familien voneinander getrennt oder dass Wohnhäuser von dazugehörigem Land abgeschnitten wurden, wodurch die Familien ihren Lebensunterhalt nicht mehr verdienen können. Kinder müssen stundenlang zu Fuß gehen, um zur Schule zu gelangen. Die Mauer trennt die Menschen von ihrer gewohnten Umgebung und hat neben materiellem auch einen immensen emotionalen Schaden angerichtet. Noch immer befassen sich Gerichte mit ihr und ihrem Verlauf. Einige Teile, die schon gebaut worden waren, wurden auf gerichtliche Anordnung hin wieder abgerissen, und selbst um die Begrifflichkeiten gibt es noch Auseinandersetzungen. Handelt es sich um eine Trennmauer, einen Trennzaun oder um einen Sicherheitszaun?

In der südlichen Arava-Senke, etwa 30 Kilometer nördlich von Elat, findet man den Nationalpark Timna.

Macht euch die Erde untertan

Das weite Tal, in dem er liegt, besteht aus einer Wüstenlandschaft mit riesigen Kupferadern, die in prähistorischer und antiker Zeit Grundlage einer Kupferindustrie waren. Hier wurde bereits vor etwa 6000 Jahren das Erz für das begehrte Metall abgebaut. In geologischer Hinsicht bietet der Nationalpark Timna eine Fülle von unterschiedlich geformten Felsen aus Buntsandstein. Luftaufnahmen zeigen den „Pilz", einen beeindruckenden, vier Meter hohen Fels aus rotem Sandstein.

Weltweit gibt es heute einen „grünen" Trend, so auch in Israel. Umwelt- und Naturschutzorganisationen haben es sich zum Ziel gemacht, das Bewusstsein für viele unterschiedliche Umweltthemen zu schärfen und die Welt zu einem lebenswerteren Ort zu machen. Zu ihren Aufgaben gehören unter anderem die Aufsicht über die Nationalparks und Naturschutzgebiete sowie deren Schutz, aber auch die Wiederaufforstung und das Verhindern weiterer Umweltschäden.

Wenn man sich eine detaillierte Landkarte von Israel anschaut, das lediglich etwa 22 000 Quadratkilometer bedeckt, erhält man eine Vorstellung von der Vielgestaltigkeit seiner Landschaften. In nur einer Autostunde gelangt man aus der Hektik des feuchtheißen Tel Aviv in die friedlichen Hügel der Judäischen Wüste mit ihrem trockenen Klima. Man kann die grüne Landschaft Galiläas mit ihrem bisweilen kühlen Wetter und ihrem Duft nach Obstgärten verlassen und die braune, trocken-heiße Arava-Region ansteuern. Vom Naturschutzgebiet Hula mit seinem Vogelgezwitscher kann man nach Jerusalem fahren, das erfüllt ist von den Klängen eines großstädtischen Lebens, aber auch vom Geläut der Kirchenglocken.

Zwischen den Seiten eines Buches fügen sich die Bilder von Israel zusammen und zeigen seine Vielgestaltigkeit: seine Landschaften, die Eingriffe des Menschen in die Natur und die Zeugnisse einer jahrtausendealten Geschichte. Es ist das biblische „Gelobte Land", wie es im fünften Buch Mose (Deuteronomium 8, 7–8) so treffend beschrieben ist: „Denn der Herr, dein Gott, führt dich in ein gutes Land, ein Land, darin Bäche und Brunnen und Seen sind, die an den Bergen und in den Auen fließen, ein Land, darin Weizen, Gerste, Weinstöcke, Feigenbäume und Granatäpfel wachsen, ein Land, darin es Ölbäume und Honig gibt".

326 – 327

Metulla wurde im Jahr 1896 von Baron Rothschild gegründet. Es ist die nördlichste Stadt Israels und liegt auf einem Hügelkamm mit Blick auf die Hügel Galiläas und den Berg Hermon.

328

Kerem Maharal ist ein Moschaw, eine genossenschaftlich organisierte ländliche Siedlung, die im Jahr 1949 in der Nähe von Atlit im Zentrum der Hügelregion des Karmel gegründet wurde.

329

Der Kibbuz Hagoshrim wurde im Jahr 1948 im „Pfannenstiel" von Galiläa gegründet, dem langen und schmalen Gebiet zwischen den Golan-Höhen und der libanesischen Grenze. Er erhielt seinen symbolischen Namen Ha Goshrim – Gesher ist das hebräische Wort für „Brücke" –, weil er als Brücke zwischen Israel und der Diaspora betrachtet wurde.

330 und 331
Die Emek-Habokrim-Farm in den Golan-Höhen bietet Reitausflüge durch die die umliegenden grünen Hügel an.

332

Die im östlichen Galiläa gelegene malerische Stadt Sefad zieht mit ihrem auch im Sommer angenehmen Klima viele Besucher an.

333

Amuka ist eine Siedlung im Norden des Landes in der Nähe von Safed und Hatsor in Galiläa. Der Biria-Wald, der in der Nähe der Siedlung liegt, besteht aus verschiedenen Arten von Kiefern und bedeckt eine Fläche von etwa 2000 Hektar.

334

334 und 335

Im 16. Jahrhundert wurde Safed, das heute als die „Hauptstadt" Obergaliläas betrachtet wird, zum spirituellen und zugleich zum wirtschaftlichen Zentrum der jüdischen Gemeinschaft im Heiligen Land. Heute kann man durch die engen, malerischen Gassen des alten jüdischen Viertels und des nahen Künstlerviertels der höchstgelegenen Stadt des Landes schlendern. Im Osten befindet sich der See Genezareth, im Westen der Berg Hermon.

336
Rosch Pina ist Teil einer Gruppe von Siedlungen, die von der ersten Welle jüdischer Immigranten gegründet wurden.

337 links
Der Moschaw Shefer, eine genossenschaftlich organisierte ländliche Siedlung im üppig-grünen Zentrum Untergaliläas, wurde im Jahr 1950 auf dem Gebiet des ehemaligen arabischen Dorfes Faradia gegründet.

337 rechts
Had Ness ist eine Siedlung auf den Golan-Höhen, die vom Tourismus lebt.

338–339
Nahalal war die erste genossenschaftlich organisierte ländliche Siedlung vom Typ Moschaw und wurde im Jahr 1921, noch vor der Gründung des Staates Israel in Palästina, im nördlichen Teil des Jesreel-Tals gegründet. Nahalal ist für seinen Aufbau berühmt: Es ist wie eine Sonne gebaut, die ihre Strahlen in alle Richtungen aussendet. Im Zentrum liegen die öffentlichen Gebäude, die der ganzen Gemeinschaft dienen. Den mittleren Ring bilden die Wohnhäuser, um die herum die landwirtschaftlichen Parzellen angeordnet sind. Diese gehören den Moschaw-Mitgliedern zu gleichen Teilen.

340
Kafr Kana ist ein arabisches Dorf im Herzen Untergaliläas. Es gibt dort drei Kirchen: die Franziskanerkirche an der Stelle, an der Jesus nach christlicher Überlieferung Wasser in Wein verwandelte, die griechisch-orthodoxe Kirche des Heiligen Georg und die Bartholomäus-Kapelle der Franziskaner.

341
Kfar Kama, nicht zu verwechseln mit Kafr Kana, liegt ebenfalls in Untergaliläa und wird seit der Zeit der osmanischen Herrschaft überwiegend von Tscherkessen aus dem Nordkaukasus bewohnt.

342

In den Hügeln am Fuße der Arbel-Felsen, die sich 380 Meter über dem See Genezareth erheben, liegt das Beduinendorf Hammam. Im Hintergrund ist die Siedlung Migdal zu sehen.

343

Das Reservoir auf den Arbel-Felsen liegt hoch über dem See Genezareth. Höhlen in den Arbel-Felsen dienten bereits in prähistorischer Zeit Menschen als Unterschlupf. Später wurden die Höhlen in eine riesige Festung mit Geheimgängen umgewandelt.

344 – 345
Das Yavniel-Tal, westlich des Sees Genezareth im Osten Galiläas gelegen, wird intensiv landwirtschaftlich genutzt.

346 und 347
Das große Jesreel-Tal liegt zwischen den Hügeln Untergaliläas im Norden und den Hügeln von Samaria im Süden. Es ist das größte landwirtschaftliche Anbaugebiet Nordisraels.

349

Zu beiden Seiten des Flusses Amal im nördlichen Teil des Beit-Shean-Tals liegt der Kibbuz Nir David. Den westlichen Teil des Kibbuzterritoriums bildet der Nationalpark Gan Hashloshah (Sakhne).

350

Das Dorf Kafr Tabor liegt am Fuß der gleichnamigen Hügels. Es wurde im Jahr 1901 gegründet und hieß ursprünglich nach dem arabische Dorf in der Nähe Maskhah.

351

Die Brücke über das Tal des Akhbara-Flusses ist Teil der Straße, die nördlich an Sefad vorbeiführt. Es ist die höchste Brücke in Israel. Mit einigen Unterbrechungen wurde 20 Jahre an ihr gearbeitet, da verschiedene Umweltschutzgruppen gegen den Bau von Straße und Brücke vorgegangen sind.

352

Israel ist „... ein Land, darin Weizen, Gerste, Weinstöcke, Feigenbäume und Granatäpfel wachsen, ein Land, darin es Ölbäume und Honig gibt", so zählt das fünfte Buch Mose (Deuteronomium 8, 7 – 8) die sieben Arten von landwirtschaftlichen Erzeugnissen treffend auf. Der im Nahen Osten beheimatete Ölbaum wächst in Israel vor allem im Norden.

353

Ramat Yissakhar in Untergaliläa verdankt seinen Namen der Lage in dem Teil des Heiligen Landes, das dem Stamm Issachar versprochen war.

354 – 355
Akkurat angelegt sind die Obsthaine in Untergaliläa, nördlich von Kafr Tabor.

356
Flache, hellbraune Flächen kultivierten Landes kontrastieren mit den grünen, von den Bauern im nördlichen Negev unberührten Flecken.

357
Typisch für Untergaliläa sind solche Olivenhaine. Die Steine grenzen die Parzellen voneinander ab und verhindern Bodenerosion durch zu schnell abfließendes Regenwasser.

358

In den hügeligen Gebieten werden weiter traditionelle landwirtschaftliche Methoden verwendet. An den Hängen werden Terrassen angelegt, um ebene Anbauflächen zu erhalten und auf diese Weise Erosion und Wasserverlust zu verhindern.

360–361
Der größte Teil Samarias ist hügelig, und es ist schwierig, den Boden zu kultivieren. Terrassen sollen unter anderem verhindern, dass das Regenwasser den Boden zu stark erodiert.

362
Die Hügel von Samaria entstanden als Ergebnis von Erdbewegungen, die eine Auffaltung der Gesteinsschichten bewirkten.

363
Im Hule-Tal gibt es sowohl natürliche Wälder als auch von Menschen angelegte Bananenhaine.

364
In der Küstenebene wird viel Gemüse angebaut. Die Felder sind mit Netzen bedeckt, um Vögel fernzuhalten und das Sonnenlicht zu filtern.

366 – 367
Das „Feld der Schafhirten", zwei Kilometer östlich der Geburtskirche in Bethlehem, liegt in der Nähe von Beit Sahour. Das Areal wird mit der Ankunft des Engels in Verbindung gebracht, der den Hirten von der Geburt Jesu berichtete.

368 – 369
Der Tabor und die umliegende Gegend bieten aus der Vogelperspektive einen faszinierenden Anblick. Die hügelige Landschaft zeigt geometrische Muster, die von Siedlungen und Plantagen gebildet werden.

370
Kreidehügel bilden den Großteil des Judäischen Plateaus. Am Horizont ist das Tote Meer zu erkennen.

371
Die herrliche Landschaft der Judäischen Wüste ist von Tausenden von abgerundeten Erhebungen geprägt, die durch Erosionsrinnen voneinander getrennt sind. Das Gebiet ist von Menschen fast unberührt.

372–373

Die Gegend von Ostsamaria beim Berg Sartaba liegt im Durchschnitt etwa 400 Meter über dem Meeresspiegel, da die Talsohlen jedoch weit unter Normalnull liegen, kann die Höhendifferenz vom Tal zum Gipfel bis zu 700 Meter betragen.

374
Der Rahaf fließt von der Judäischen Wüste ins Tote Meer. Sein Unterlauf passiert einen Canyon, dessen Wände bis zu 150 Meter steil emporragen.

375
Das griechisch-orthodoxe Kloster Qarantana ist eines der schönsten Klöster in Israel. Es liegt an einem steilen Hang oberhalb von Jericho. Die Ursprünge des Klosters gehen auf eine Zeit zurück, in der Mönche damit begannen, in Berghöhlen ein Leben in Abgeschiedenheit zu führen.

376

Charakteristisch für das Perazim-Tal sind seine zerklüfteten Mergelfelsen. Die Wände des Flussbettes sind von verschiedenen Schichten des Gesteins bunt gefärbt.

377

En Gedi im Norden der Judäischen Wüste ist eine herrliche Oase. Das dazugehörende Naturschutzgebiet umfasst die Täler der Bäche David und Arugot, in denen ganzjährig Wasser fließt. Die Gegend ist von üppiger Flora und artenreicher Fauna geprägt.

378 – 379
Das Marsaba-Kloster wird noch heute von etwa 20 Mönchen bewohnt, die eine streng geregelte und asketische Lebensweise pflegen. Es ist weder an die allgemeine Wasserversorgung noch an das Elektrizitäts- oder Telefonnetz angeschlossen und darf nur von Männern betreten werden.

380

Nebi Musa ist eine im klassischen Stil erbaute Moschee im Herzen der Wüste von Judäa.

381

Das griechisch-orthodoxe Kloster des Heiligen Georg stammt aus der byzantinischen Zeit und wurde in drei Ebenen über dem Wadi Kelt in der Wüste von Judäa errichtet.

382 – 383

Diese urzeitlich anmutende Landschaft mit ihren zerklüfteten Sedimenthügeln liegt in der nördlichen Arava-Region.

384–385

Kamele, früher das wichtigste Transportmittel in der Wüste, werden wegen ihres schaukelnden Gangs auch als „Wüstenschiffe" bezeichnet. Sie besitzen die Fähigkeit, sich hervorragend an die heißen, trockenen Bedingungen anzupassen. Am Rand der Wüste von Judäa gibt es eine Reihe von Beduinendörfern, deren Einwohner auf dem Wüstenplateau noch Kamele halten.

386 – 387

Zum Moschaw Lachisch im Norden der Wüste Negev, gehören rund 400 Hektar Fläche, auf der Weintrauben zum Verzehr angebaut werden. Sie stellen die wichtigste Einnahmequelle des Moschaw dar, der seine Ernte sowohl in Israel als auch im Ausland vermarktet.

388 – 389

Die Weinberge in der Nähe von Lachisch sind der Topografie der Landschaft angepasst.

390 – 391
Diese Gebäudes sind Sprengstoffdepots der britischen Luftwaffe aus dem Zweiten Weltkrieg westlich des Kibbuz Be'eri in der westlichen Negev-Region.

392

Der Lahaw-Wald bildet eine rund 3000 Hektar große grüne Insel auf den Hügeln im Süden der Schefela-Region.

393 links

In der südlichen Schefela-Region finden sich diese Kichererbsenfelder. Da Kichererbsen, wenig Wasser benötigen, sind sie eine ideale Feldfrucht für trockene Gegenden.

393 rechts

„Der Wein erfreue des Menschen Herz", heißt es in Psalm 104, Vers 15, und wie schön sind doch die Weinberge in den Ebenen des Südens, besonders mit ihrer herbstlichen Färbung!

394 – 395
Der Lahaw-Wald im Süden der Schefela-Region besteht überwiegend aus Kiefern. Ein Spiel von Farben und Formen entsteht durch den grünen Wald und die gelbbraunen Streifen der kahlen, gepflügten Äcker.

396

Ein Bakai ist ein zweisitziger, motorisierter Paraglider, der für Rundflüge benutzt wird, wie hier zu einem Flug über Felder im Negev-Gebiet.

397

Ultraleichtflugzeuge sind in Israel sehr beliebt. Manche unternehmen am Wochenende Ausflüge damit, andere benutzen sie regelmäßig als Verkehrsmittel. Diesen Flugzeugen steht bei einer niedrigen Flughöhe von etwa 150 Meter unabhängig von speziellen Routen der gesamte israelische Luftraum zur Verfügung.

398
Wo zwischen den landwirtschaftlichen Flächen kein Anbau möglich ist, werden Bäume gepflanzt. Dadurch entstehen im nördlichen Negev faszinierende Landschaftsmuster.

399
Tamarisken sind die einzigen Pflanzen, die unter den trockenen Bedingungen der Wüste Negev ohne menschliches Zutun gedeihen. Ihre Wurzeln bohren sich auf der Suche nach Grundwasser tief in die Erde.

400

„Wie der Ton in der Hand des Töpfers", heißt es in Jeremia 18, Vers 6, so werden die landwirtschaftlichen Flächen im nördlichen Negev in der Nähe des Kibbuz Dorot geformt. Ein Landwirt bestellt zwischen faszinierenden Schluchten die Felder.

402–403

Die Gemeine Anemone ist eine in Israel weit verbreitete, aber geschützte Wildblume. Man findet sie überall im Land zwischen den nördlichen Regionen und dem Negev-Plateau. In der kurzen Frühlingssaison breiten sich rote Teppiche aus Anemonen besonders im nördlichen Negev aus.

405

Die landwirtschaftlichen Maschinen haben auf den Äckern in den Ruhama-Schluchten im Norden des Negevs faszinierende Muster entstehen lassen.

406

Ein tief fliegendes Flugzeug wirft seinen Schatten auf die Treibhäuser im westlichen Negev.

407

Diese Treibhäuser befinden sich in Sede Nitzan im Distrikt Eshkol im Negev.

408
Ein spezielles Bewässerungssystem im westlichen Negev lässt kreisrunde Felder entstehen.

409
Der Moschaw Ein Habesor liegt im Distrikt Eshkol im Westen des Negev. Er wurde im Jahr 1982 von den ehemaligen Bewohnern Yamits gegründet, die in Folge des israelischen Abzugs von der Sinai-Halbinsel umsiedeln mussten. Im Moschaw werden Blumen, Gemüse, und Gewürze angebaut und Geflügel gezüchtet.

410

Der Wasserspeicher Habesor im westlichen Negev gehört zu einer Reihe von Reservoiren, die angelegt wurden, um Wasser aus der Wasseraufbereitungsanlage Hashapdan in der Region Gush Dan zu speichern.

411

Eine Gruppe von Pelikanen rastet in der Nähe der Mittelmeerküste zwischen den Stränden Dor Beach und Habonim Beach.

412

Der Nationalpark Eshkol liegt am Fuß der Hügel im Habesor-Tal. Zu ihm gehören Becken mit Wasser aus der 20 Grad Celsius warmen Habesor-Quelle.

413

Der etwa 350 Hektar große beliebte Eshkol-Nationalpark stellt eine grüne Oase im Westen des Negev dar.

414 und 415

Auf den kahlen Böden des westlichen Negev sind ausgeklügelte landwirtschaftliche Techniken notwendig. Aus der Luft betrachtet verleihen die sorgsam ausgerichteten Reihen der Obsthaine und Kartoffelfelder ebenso wie die zarten Fächer der Sprinkleranlagen dem Land einen völlig unerwarteten Reiz.

416

Der Fluss Nitzana entspringt am Berg Ramon und fließt durch ein breites, flaches Tal, in dem man Spuren antiker Landwirtschaft entdeckt hat.

417

„Da zog Isaak von dannen und schlug seine Zelte auf im Grunde von Gerar und wohnte da" – so steht es im 1. Buch Mose, Kapitel 26, Vers 17 geschrieben. Das Tal des Gerar, des größten Nebenflusses des Besor, erstreckt sich zwischen dem Kibbuz Lahav und dem Kibbuz Reim. Zahlreiche archäologische Funde aus verschiedenen Epochen, unter anderem aus der Bronzezeit, kamen entlang des Flussbetts ans Tageslicht.

418 – 419
Der Gerar hat sich in den Lössboden eingeschnitten und eine faszinierende Landschaft erzeugt.

420

Der Shikma entspringt im Süden des Hebron und mündet südlich von Zikkim ins Mittelmeer. Sein Tal stellt in etwa die Grenze zwischen der Gegend mit vom Mittelmeer geprägtem Klima und der mit Wüstenklima dar. Aus dem Shikma-Reservoir, 1,5 Kilometer vor der Mündung des Flusses ins Meer, wird Wasser entnommen, um den Grundwasserspiegel im Süden der Küstenebene anzuheben.

421

Die Autobahn 6 ist eine der israelischen Hauptverkehrsadern zwischen dem Norden und dem Süden des Landes. Sie ist etwa 86 Kilometer lang und führt von der Iron-Kreuzung im Norden bis zum Autobahnkreuz Sorek im Süden.

422

Die bereits seit vorchristlicher Zeit bekannte Stadt Beerscheba erlebte unter den Osmanen eine Blütezeit. Von den wenigen aus dieser Zeit erhaltenen Gebäuden im Stadtzentrum ist die Moschee ein Wahrzeichen dieser Epoche.

423

Das Sami Shamoon College of Engineering wurde im Jahr 1995 gegründet und ist heute die bedeutendste Hochschule für Maschinenbau und Technik in Israel.

424 und 425

Die Ben-Gurion-Universität des Negev in Beerscheba wurde im Jahr 1969 gegründet. Die Aufnahme rechts zeigt die Zentralbibliothek auf dem Campus.

426

Der Kibbuz und die Hochschule Sde Boker befinden sich auf dem nördlichen Negev-Plateau. Eine gewisse Berühmtheit erlangte der Ort im Jahr 1953, als der erste israelische Premierminister David Ben Gurion mit seiner Frau Paula dorthin zog.

427

Die Ben-Gurion-Akademie und das nahe gelegene Grab David Ben Gurions und seiner Frau liegen über dem Zin-Tal. Alle anderen Staats- und Regierungschefs des Landes sind auf dem Herzl-Berg in Jerusalem begraben.

428

Im Nationalpark Timna in der Negev-Wüste stehen „Salomons Säulen", die, von Schatten akzentuiert, als lang gezogene parallele Felsformationen in der Mitte der Aufnahme zu erkennen sind. Die etwa 40 Meter hohen roten Kalksteingebilde sind durch Erosion entstanden.

429

Das Timna-Tal, das die Form eines Kraters hat, der an drei Seiten von 400 Meter hohen Felsen umgeben ist, liegt im Zentrum eines Beckens, das sich von Elat aus etwa 30 Kilometer nordwärts zieht.

430

Im Ferienclub Magic Sunrise beim Kibbuz Eilot genießen Besucher die Schönheit der Wüste.

431 links

Nordöstlich des Ramon-Kraters erheben sich die Wände des Bergs Ardon.

431 rechts

Auf der Antelope Farm leben verschiedene Tierarten. Gäste können dort übernachten..

432 – 433

Im Flussbett des Nekarot fließt das Wasser aus dem Ramon-Krater ab.

434
Die beiden Krater des Berges Arif sind die zwei kleinsten der Negev-Krater. Einer befindet sich auf dem Gipfel, der andere am Westhang. Der Gipfel bietet eine prächtige Aussicht auf den Berg Negev, die Edom-Berge und über die Arava-Region.

435
Bergwanderer rasten auf dem Gipfel des Arif, der sich mehrere hundert Meter über das Umland erhebt.

436 – 437
Mitzpeh Ramon liegt am Rand des Ramon-Kraters, den man von dort überblicken kann. Der Ort entstand im Jahr 1951 für die Arbeiter, die im Bergbau am Krater beschäftigt waren.

438

Der Erosionskrater Katan ist der kleinste der fünf Negev-Krater, gilt aber als der schönste. Er ist beinahe kreisrund, etwa acht Kilometer lang und sieben Kilometer breit.

439 links

Der Ramon-Krater entstand durch die Erosion weicher Gesteinsschichten. Er ist 40 Kilometer lang und bis zu neun Kilometer breit.

439 rechts

Das Besucherzentrum auf den Klippen am Rand des Ramon-Kraters hält reichhaltiges Informationsmaterial über die Naturphänomene dieser Region bereit.

440 – 441
Die Südwand des Ramon-Kraters erhebt sich 300 Meter über der Kratersohle. Die enorme Größe des Kraters und die verschiedenen Gesteinsschichten sind auf dem Bild deutlich erkennbar.

442 – 443
Der kleine Ort Mitzpeh Ramon kann heute aufgrund seiner unvorteilhaften Lage am Rand des Ramon-Kraters nur als agritouristisches Zentrum überleben.

444 – 445
Mit dem Geländewagen gelangt man bis an den Rand dieser Schlucht im Westen der Negev-Wüste. Im Laufe der Jahrtausende hat das Wasser die Kreidefelsen zu bizarren Gebilden geformt.

446

Ausblick auf den oberen Abschnitt des Wadi Hawarim in der Nähe der Sde-Boker-Akademie: Der Fluss hat den Mergel durchschnitten und den Fels scheinbar in Falten gelegt.

447

In den Mergelsteinfelsen des nördlichen Negev-Plateaus liegt das zerklüftete Wadi Hawarim.

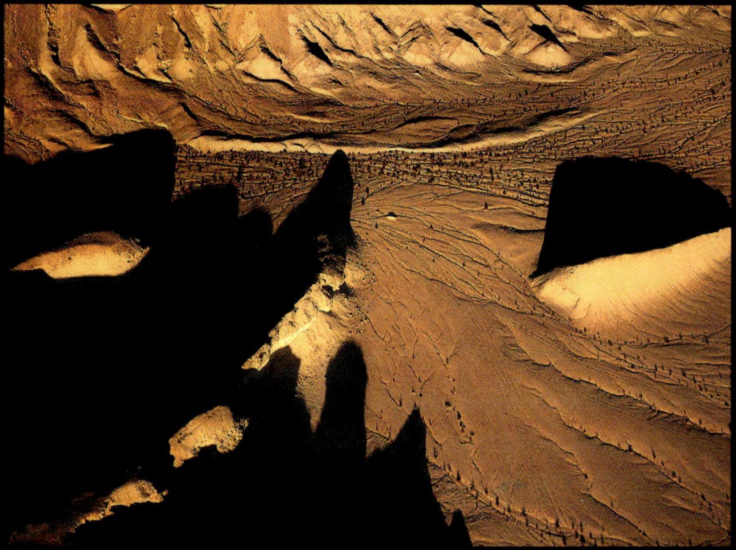

448
Ein Spiel aus Licht und Schatten zeigt sich am Fluss Ketsara, der einer uralten Route folgt, über die Waren von Asien nach Europa transportiert wurden.

449
Das Zin-Tal erstreckt sich entlang der Grenze zwischen dem nördlichen Negev-Plateau und dem Hochland bei Avdat.

450
Das wellige Nafha-Plateau in der Negev-Wüste wirkt im weichen Licht wie mit goldbraunem Samt überzogen.

451
Die vom Wind hervorgerufene Struktur der Kreidefelsen ist für den Berg Negev auf dem Nafha-Plateau typisch.

452

452 links
Die oberste Sandschicht ist so fein und leicht, dass sie vom Wind bewegt wird.

452 rechts
Der vom Wind bewegte Sand nimmt die Form langer Schlangenlinien an, die im Sonnenuntergang golden schimmern.

453
Der Sand, den der Wind gegen die Hänge am Ostende des Avdat-Tals treibt, ist durch den Zerfall der Kreidefelsen entstanden.

455

Das Avdat-Tal ist von einem feinkörnigen und weichen Sand bedeckt, der zum Barfußlaufen einlädt.

456
Heißluftballons schweben zwischen den Felsen des Timna-Tals – dieser hier in Form von Noahs Arche.

457
Das Timna-Tal in der südlichen Arava-Region ist an drei Seiten von steilen, 400 Meter hohen Felsklippen umgeben.

458–459
Das Timna-Tal liegt etwa 20 Kilometer nördlich von Elat im Süden der Arava-Region. Teilweise bereits jahrtausendealter Kupferabbau hat zu außergewöhnlichen Landschaftsformen geführt. Heißluftballons verleihen dem Tal noch zusätzlich Farbtupfer.

Register

B = Bildunterschrift

Register

Register

HANIT ARMONN GRINBERG, GEBOREN 1964 IN ISRAEL, STUDIERTE AM DORTIGEN ALFRED ADLER INSTITUTE DAS FACH ELTERLICHE ERZIEHUNG. NEBEN IHRER TÄTIGKEIT IN DIESEM BEREICH GRÜNDETE UND BETREUT SIE GEMEINSAM MIT ITAMAR GRINBERG BILDARCHIVE MIT AUFNAHMEN VON ISRAEL. DABEI ARBEITET SIE ENG MIT WERBEAGENTUREN, VERLAGEN, ZEITSCHRIFTEN, ARCHITEKTEN UND MIT AUTOREN ZUSAMMEN. SIE TRÄGT ZU VERÖFFENTLICHUNGEN VON BILDERN IN IHREM HEIMATLAND UND AUF DER GANZEN WELT BEI.

Bildnachweis

Itamar Grinberg ist Fotograf und Rechteinhaber aller Fotografien, mit Ausnahme von:
Marcello Bertinetti/Archivio White Star: S. 12–13, 50–51, 54–55, 61, 63, 358, 370
Itamar Grinberg/Archivio White Star: S. 8 und 9, 18, 34–35, 49, 66, 67 rechts, 71, 78, 81, 115 links, 128, 131, 141, 144 und 145, 163, 184, 187 links und rechts, 198 und 199, 200, 228 und 229, 230 und 231, 239, 243, 244 und 245, 251, 252, 275, 276–277, 286–287, 290, 356 und 357 links und rechts, 375, 405, 439 rechts
Lior Parag: S. 16

Für unsere Kinder Daniel & Keren Grinberg in großer Liebe.

Dieses Buch ist meinen Eltern Rina und Richard gewidmet, denn sie lehrten mich vom Tag meiner Geburt an, dieses einzigartige Land zu erforschen und immer besser kennenzulernen. – Hanit

Die Autorin dankt den folgenden Personen für ihre Unterstützung:
Nir Tal, Boaz Peleg, Eitan Kempel (Masada), Ami Marmor, Shilo, Mike und Ravit Naor.

Via Candido Sassone, 22 – 24
13100 Vercelli – Italien
www.whitestar.it

Für die deutsche Ausgabe

www.whitestar-verlag.de

ISBN 978-3-86726-051-0

1 2 3 4 5 6 13 12 11 10 09 08

Litho: Fotomec, Turin; Grafotitoli, Mailand; CTM, Turin; Pixelab, Novara; Chiaroscuro, Turin; Areagroup Media, Mailand – Italien

Gedruckt in China

464

Am Landeplatz gegenüber der Masada liegt eine israelische Nationalflagge. Sie ist die größte Fahne der Welt und wurde in das „Guinness Buch der Rekorde" aufgenommen. Die kleinen „Würfelchen" im Bild sind Busse und Autos.

FLYING HIGH